Peter Nedsten

绝地反击

汽车业数字化、新能源化的追赶与超越

[德] **彼得·默滕斯**（Peter Mertens）——— 著　　**王静** ——— 译

中国科学技术出版社

·北　京·

Aufstieg aus der Blechliga: So hat unsere Autoindustrie eine Zukunft by Peter Mertens.
Copyright © 2021 Campus Verlag GmbH, Frankfurt am Main.
Simplified Chinese translations copyright by China Science and Technology Press Co.,
Ltd. All rights reserved.

北京市版权局著作权合同登记　图字：01-2022-0724。

图书在版编目（CIP）数据

　绝地反击：汽车业数字化、新能源化的追赶与超越 /
（德）彼得·默滕斯（Peter Mertens）著；王静译 . —
北京：中国科学技术出版社，2022.10
　书名原文：Aufstieg aus der Blechliga: So hat
unsere Autoindustrie eine Zukunft

　ISBN 978-7-5046-9761-5

　Ⅰ . ①绝… Ⅱ . ①彼… ②王… Ⅲ . ①汽车企业－工
业企业管理－数字化－研究 Ⅳ . ① F407.471

中国版本图书馆 CIP 数据核字（2022）第 145049 号

策划编辑	何英娇	
责任编辑	何英娇	
封面设计	创研社	
版式设计	蚂蚁设计	
责任校对	张晓莉	
责任印制	李晓霖	

出　　版	中国科学技术出版社	
发　　行	中国科学技术出版社有限公司发行部	
地　　址	北京市海淀区中关村南大街 16 号	
邮　　编	100081	
发行电话	010-62173865	
传　　真	010-62173081	
网　　址	http://www.cspbooks.com.cn	

开　　本	880mm×1230mm　1/32	
字　　数	113 千字	
印　　张	6.5	
版　　次	2022 年 10 月第 1 版	
印　　次	2022 年 10 月第 1 次印刷	
印　　刷	北京盛通印刷股份有限公司	
书　　号	ISBN 978-7-5046-9761-5/F · 1942	
定　　价	68.00 元	

（凡购买本社图书，如有缺页、倒页、脱页者，本社发行部负责调换）

它们依旧运转

　　早在2020年春天，德国的汽车制造商就被一片愁云笼罩。数字变革？过于缓慢！电动汽车？还未起步！营业额、销售额、利润？可怕！还有正在蔓延的新冠肺炎疫情。一年之后，时钟拨到2021年春天，德国的汽车制造商东山再起，大众汽车集团（简称"大众"）、戴姆勒和宝马汽车公司（简称"宝马"）都交出了惊人的业绩答卷。更重要的是，他们发起了巨大的电动汽车攻势，向自己在美国加利福尼亚州的对手——特斯拉汽车公司（简称"特斯拉"）发起了挑战。终于！很长时间以来血管中流淌着汽油的德国汽车行业，似乎经历了太久的好日子，居然意识不到要居安思危。

　　有些人无法认识到这一点，而有些人则不想面对事实，仍旧继续优化内燃机业务流程，在全球范围内运输配线，犹豫着是否要建立面向未来的伙伴关系，而汽车在世界的其他地方将变成一台由智能城市控制的联网电动自主装置。

　　未来的汽车将成为一种无须拥有即可使用的装置。即便我们想坐车出行，也不一定需要自己开车。汽车越来越少，而兼具通信和娱乐功能的可移动的工作和休息空间却越来越多。其机械结构简单，而软件却高度复杂，完全专注于价值链中最重要的环节。虽然德国汽车制造商对此不甚了解，可其他参与者们，也就是用户，早就驾轻就熟。

　　用户就是重中之重。而且，如果德国汽车制造商想继续生存下去，无论在思想上还是在现实中，都必须继续彻底改革。他们必须要大干特干，并且动作要快。只有那些敢于追求更高可持续发展的汽车制造商才能在未来的汽车行业占据一席之地。只有这样，他们的用户才能拥有未来。这些汽车制造商将在全球汽车行业中极力为欧洲争取更大的存在感，并愿意在行业内外进行合作，为用户提供智能、安全的出行方案。

　　如今，经济界、政治界和学术界需要团结起来，制定一个欧洲汽车开源战略，以便汽车制造商能够为自己的用户精准地制造并按市场价售卖他们的梦中之车。同时，他们需要对汽车究竟是什么这个问题建立起一个新的认识，还需要重新审视驾驶员需求的全新多样性，例如斯图加特的驾驶员的所思所想肯定与上海的年轻人不同，后者的出行需要明显不同于斯图加特平原地区的上了年纪的不动产业主，更不用说那些经常对汽车提出高度复杂的出行配置需求的女性司机了。

这并不是说，德国的汽车制造商完全盲目、跌跌撞撞地走向未来。2021年3月，大众汽车集团制订了电动汽车比燃油车占比更大的新生产计划，并对充电基础设施提出了新的设想，令欧洲6家电池巨头工厂大吃一惊。时任大众汽车集团首席执行官赫伯特·迪斯（Herbert Diess）希望将这家欧洲屈指可数的工业公司转型为一家信息技术（IT）公司，将大众汽车软件子公司CARIAD[①]的员工数增加到10000名，从而令这家软件公司紧随全球知名企业软件商思爱普（SAP）其后。奥迪汽车公司和戴姆勒股份公司则停止了内燃机的开发，以便将更多的资源投入电动汽车上，宝马也正在推出5款新的电动汽车。在欧洲，掉转航向发展电动汽车的可持续变革已经近在眼前。而且，德国的汽车制造商已经为此做了充分的准备。至少大型汽车品牌商已经整装待发。

多年前，许多汽车制造商清楚地认识到，要想从汽车行业中崛起，就必须进行变革。讨论主要围绕着变革能力和未来的确定性（这是一个悖论）、模棱两可（所谓"高效且灵

① CARIAD的前身是大众汽车集团2020年成立的软件部门Car.Software-Organisation，集团内部将该部门简称为CSO。新名字CARIAD是"汽车，我是数字化"（Car, I Am Digital）的缩写。——编者注

活"）以及深入的数字转型和瓦解展开，还有特斯拉！特斯拉！特斯拉！特斯拉！还是特斯拉！

这家带有传奇色彩的电动汽车公司成立于2003年，目前的市值已经超过了德国三大汽车制造商戴姆勒、大众和宝马的总和，更准确地说，比这一总和的两倍还要多。这引自乌尔利希·菲希特纳（Ullrich Fichtner）发表在《明镜》周刊中的文章，这样的事实太不可思议了，叫人不敢相信自己的眼睛。菲希特纳进一步说道："直到我们把这句话认真地读了三遍之后才明白，德国人长久以来的舒适圈已经不复存在了。"

等一等，一切来得其实也没有那么快。"不复存在"的说法和事实并不相符，因为即使德国汽车制造商只是继续销售燃油车，再算上在中国市场上蓬勃发展的业绩，利润也会源源不断地流入口袋。但是，我们在旧时的自我感觉良好和如今不那么令人愉悦的新体验之间徘徊：德国以往的冠军们要与如今的重量级选手一起一较高下，摆脱落后的颓势。变革对于一些德国汽车制造商来说仍然是一剂难以下咽的苦药，而许多下游供应商更是步履维艰，这一原因在于德国汽车工业悠久的历史所造成的路径依赖。

这里指的是德国汽车行业，它在过去100年里培养起来的路径依赖，昔日里沐浴在荣光中，现在却几乎被困在自己的供应链中裹足不前；这里指的是拥有技术成熟的产品的制造商，他们有着卓越的生产能力，对德国工业基地的意义重大；这里指的是德国汽车行业的80万名管理人员和工程师，以及供应商、汽车厂和车间的工作人员，他们认同自己的行业和燃油车；这里指的是那些数十年来把自己的生活习惯和自我形象与"汽车所有者"紧密联系在一起的汽车司机们，他们像"神圣的钣金①"一样；这里指的是德国数十年来与汽车工业携手并进的政策：股份、补贴、奖金。我们面对的是一个成长缓慢且高度复杂的领域，不可能一夜之间就重新洗牌。

这就产生了认知偏差。比如，一些决策者认为，现状发生的任何变化都属于失败（现状偏差），他们出于成本原因害怕激进的价格变动和折旧（沉没成本偏差），认为自己公司生产的产品特别有价值（宜家效应②）。对于新服务也是如此：德国汽车制造商则希望在自己的品牌下尽可能地专属经营新服务，最好是独自经营。

---

① 汽车钣金指汽车的金属外壳。——编者注
② 消费者对于自己投入劳动、情感而创造的物品的价值产生高估的价值判断偏差现象。——编者注

路径依赖和认知偏差的现象在技术史上屡见不鲜：最伟大的帆船在蒸汽轮船占领市场的时候下水航行；最大、最棒的蒸汽机车诞生于蒸汽时代末期；最大的油轮在苏伊士运河重新开放的20世纪70年代中期问世，但其体积庞大无法通过运河。目前为止，还无从知晓哪种燃油车会出现在这一阵营里。

• 汽车行业的变革时刻

对汽车行业来说，这无疑是一个苹果等智能手机取代传统手机的时刻：各大汽车制造商已经觉醒，现在开始采用新的概念。对很多人来说，这场变革还是会血流成河，想要成功地游到河对岸并不容易。大型汽车制造商在车辆联网问题上遭遇重重困难，小型汽车制造商缺乏资金来进行数字化改造，而相邻技术行业的新玩家们早就在摩拳擦掌、跃跃欲试。德国汽车行业除了处理钣金什么都做不到的关键临界点即将到来——一切似乎只是时间问题。业内已经在谈论汽车行业的"苹果时刻"，这一时刻也可以被称作柯达时刻、诺基亚时刻或黑莓时刻。原则总是一样的：每一次的瓦解和变革都有很少的先行者能成为赢家，所有起步太迟的人都将成为下一个时代的输家。

德国的汽车制造商口口相传："现在是时候行动了。"全球汽车行业正在经历重大变革，这一点在价值链的各个环节都显而易见。业内笼罩着紧张的气氛。可大家的求生意志寥寥。"我们要跳向哪里才能防止坠落"这个问题尚没有明确的答案。

毫无疑问的是，全球发展趋势迫使我们迅速反思和坚决行动。但是，对于如何评估每一种发展趋势，争论的方式是如此情绪化，在汽车工业史上十分少见。全球化还是去全球化？城市化还是乡土化？运动型多用途汽车（SUV）到底是销量翘楚还是全民公敌？电动汽车到底是救世主还是欺世盗名？汽车共享到底是面向未来的商业模式还是会跑的超级病毒喷洒器？不仅在客户和企业家层面，甚至在科学领域，这些问题造成了利益集团和游说者之间的两极分化对立日益加深。这使得我们难于共同进行反思，更重要的是，我们甚至因此无法为日益紧迫的问题找到共同的解决办法。现在我们的关注点是气候友好型汽车、欧洲本地自产汽车、新的供应商和合作伙伴网络、基于开源软件的车辆概念、新的出行基础设施以及全新的出行理念。

● "改变的不仅仅是图像本身，框架也在经历改变"

"网络化、电气化、自动化、共享"这些名词才能代表汽车工业新时代的开端：一个不再围绕着发动机而是从比特和字节着眼开始开发汽车的时代；一个企业不再基于自身所在位置，而是基于其与供应商、初创企业、行业和大陆之间的关系进行思考的时代；一个城市不再依赖街道，而是基于相互联系的人类及其所有经济、生态和社会需求的时代。

比特、字节、关系、需求，这就是如今业务的运作方式，这就是如今的出行特点。我们需要开阔思维，进一步思考，才能理解这一切。但对于一些人来说，这早已是不争的事实。以2020年拉斯维加斯消费者电子展为例：

- 德国的汽车制造商介绍了若干款概念车，为未来的汽车设计和发动机描绘了广阔的前景，并展示了自己公司通往成功道路上的壮美的里程碑。焦点：汽车。
- 相比之下，丰田汽车公司（简称"丰田"）则推出了一个新城市原型：这里的汽车可以自主安全行驶，建筑物和人相互联网，汽车使用氢燃料电池作为能源。焦点：用户。

这样对比鲜明的案例还有很多。过去，我们不仅错过了几趟火车，有时甚至还下错了车站。或者，正如传奇技术评论家马歇尔·麦克卢汉（Marshall McLuhan）早在1964年所言："每一项新技术改变的都是整个框架，而不仅仅是框架中的图像。"

● "世界大战"：大卫对抗歌利亚

汽车行业的结构转变是激进的。例如，德国汽车管理中心（CAM）主任兼经济学教授斯蒂芬·布拉泽尔（Stefan Bratzel）称这是一场"世界大战"。另一些人则将其称之为"大卫和歌利亚"之间的决斗，而他们口中的德国汽车制造商可不是聪明而又灵活的大卫，而是笨重的巨人歌利亚。

长期以来，大型汽车制造商凭借其造价高昂的工厂、业务熟练的开发人员、数百台控制设备、复杂的市场营销活动、庞大的销售团队和售后服务网络，一直认为自己不可能失败，他们甚至认为自己不可能犯错。

然而，框架随后发生了改变。突然之间，围绕燃油车的竞争从聚光灯下消失了，就连车身的完美间隙尺寸、无数精密焊接的零件和巨大的经销商网络也无足轻重了。

　　汽车突然之间变得简单了：它的核心只是一台中央计算机，下面配上装有电池的底盘，驾驶室前面有个显示屏，上面加装一个车身，生产完毕。早在近15年前，美国汽车制造商特斯拉汽车公司就已经在这方面重新诠释了汽车：汽车是一个智能设备和数据收集平台。事情还没有结束，今天，以苹果产品代工厂身份而闻名的中国台湾公司富士康可以为任何一个想要制造汽车的人提供全套"模板"。各种长度、各种性能等级应有尽有，成本低且开发时间短——德国汽车制造商长达100多年的专业技能是否已经过时了？

　　现在爆发的是一场全新的战斗：关于客户界面的战斗。这是一场围绕着构建在应用程序、订阅和账户之上的用户虚拟生态系统的战斗。也就是说，这是一场数据之战。而此时，其他游戏的玩家也开始参与进来。

● 谷歌公司的母公司字母表公司（Alphabet）开发了车载嵌入式操作系统（名叫"Android Automotive"），除了信息娱乐功能，还可以控制空调或座椅。谷歌免费向制造商提供这个系统。标致雪铁龙汽车公司（简称"标致雪铁龙"）、通用汽车公司、雷诺汽车公司（简称"雷诺"）和沃尔沃汽车公司也参与进来，毕竟使用免费的操作系统可以节省大量资金——本来客户数据和数字服务业务最后也要落到谷歌手里。与此同时，谷歌通过其子公司慧摩（Waymo）成功让自动驾驶汽车上路行驶。

- 苹果公司可能会在2024年开始生产自己的汽车。而下游供应商很可能是苹果公司的既定合作伙伴富士康。苹果公司本身尚未正式对其"泰坦计划"发表任何评论。亚马逊公司合作的两个公司里维安（Rivian）和祖克斯（Zoox）正在就新概念车展开一场争夺。此外，这家在线商贸巨头还和多个知名制造商达成协议，允许其数字助手Alexa出现在各自的互联服务中，并为每名司机提供使用Echo模块对汽车进行改装的机会。

- 微软公司则在汽车生产、客户体验数据洞察、云服务和自动驾驶等领域与各种汽车制造商通力合作。

对美国选手们的介绍到此为止。在世界的东方，一个镜像队列矗立着：

- 有"中国的谷歌"之称的百度集团与黑莓软件公司开展合作，目标是使百度高分辨率地图在黑莓汽车操作系统上运行自如。百度以QNX^①技术作为其自动驾驶开放式平台的基础。

- 华为公司致力于成为一流的智能网联汽车的增量部件提供商。

- 中国互联网商业巨头阿里巴巴集团早在2016年就已经为上海汽车集团股份有限公司（简称"上汽集团"）的智能运动型多用途汽车荣威RX5配备了操作系统和应用平台"阿里云OS"。该平台具备导航、娱乐功能，并支持支付宝付款。

脸书公司^②和腾讯公司正在向汽车行业进军，优步和滴滴等出行服务提供商已经在这样做了：优步公司正在与英国电动巴士制造商Arrival建造自己的电动大巴，滴滴正在联手比亚迪为其制造系列车型。

此外，"老牌汽车护卫队"的队员们联合起来共同开发信息技术系统，例如，马自达汽车公司、福特汽车公司和丰田汽车公司合作推出SmartDeviceLink。而且，全新供应商，

---

① QNX是一种实时计算机操作系统。——编者注
② 现更名为元宇宙（Meta）。——编者注

如地图和导航供应商HERE、图形处理器和芯片开发商英伟达、自动驾驶初创公司极光（Aurora），正在构建自动化驱动的组件和平台。

索尼公司早在2020年就推出了一款汽车，今后还会出现更多我们今天意料之外的供应商。每次技术变革都会带来新的参与者，在汽车行业中，这并不是第一次：在1905年的莱比锡博览会上，1893年始创于瓦伦的德国Polyphon音乐工厂在自己的"Polygraph"打字机、电话和唱片旁边展出了"Polymobil"汽车。早在1907年，它就推出了最先进的"Polymobil 2号"，这款汽车配备了齐全的旅行装备，包括喇叭、灯笼和工具，售价3330德国马克。这说明，娱乐、办公和汽车早在100年前就是一个综合体了。然而，在大变革时期，赢家往往是反应最快的那个，而不是深思熟虑的那个。特斯拉汽车公司就是典型例子。

无论如何，在当今的顶尖阵营中参与游戏的科技巨头和制造商都来自美国、中国、韩国和以色列，他们领先德国好几年。尽管德国的汽车制造商最近取得了些许成果，但也已经落后。如果富士康平台上的委托制造商为苹果或索尼大批量生产汽车，那么还有谁需要宝马、戴姆勒、大众甚至欧宝呢？但这就是结局了吗？

　　我认为不是！德国的汽车制造商又回到了赛道上：大众汽车公司的ID.3和ID.4、奥迪汽车公司的Q4 E-Tron和A6 E-Tron、宝马汽车公司的i3和i8以及奔驰EQS（仅举几个例子）引发全球关注。像雷诺这样的欧洲制造商已经通过ZOE车型开创了新的品牌。而沃尔沃和吉利的合资公司极星凭借自己的极星2电动汽车诠释了我眼中的欧洲汽车行业一直以来的理念：技术创新和完美比例的最佳平衡。

　　然而，蓬勃发展的电动汽车行业也面临着巨大的挑战：仍然依靠着旧方案赚取利润，很多电动汽车型都是负面的商业案例；固态电池等关键组件虽然在开发中，但仍然非常昂贵；目前，虽然具有战略重要性的生产能力——半导体、电池和绿色氢能正在发展，但许多地方仍然缺乏竞争力。

　　我在汽车行业工作了30多年，算是汽车行业的老手了。而我在整个职业生涯中从来没有经历过这样一个时代，工业、经济和世界政治中的重大事件在这本书写作时（2020年12月至2021年5月）层出不穷。变革来得如此深刻，以至于我修改了自己最初"德国汽车行业将血流成河"的预判——现在我要说："汽车帝国①开始了反击。"德国的汽车制造

――――――――――

① 指德国。——编者注

商付出了巨大的努力，现在又回到了赛道之上。不过现在很多领域被蚕食，我们要等四五年后才会知道今后如何才能赚到钱。但是新的策略已经诞生了——一个涉及所有维度的新想法。

而这些维度便是本书的主题：让我们从代表全球维度的气候开始着手，然后从企业层面来进一步探讨软件、汽车的新多样性，最后再讨论驾驶员问题。

（1）气候：气候变化并不单纯是些许细微的变化，而是一场重大的危机。气温上升、破坏性极端天气和恶劣的空气污染导致继续使用化石燃料已经不再是合理的局面。按照巴黎气候大会的目标，德国承诺大幅度减少二氧化碳排放量。到2050年，欧盟希望实现碳中和，也就是排放到大气中的二氧化碳不会加剧对气候产生的不良影响。

第一章介绍了电动出行对于气候的影响，介绍了氢能这一替代方案，讨论了二氧化碳价格问题，并说明了原始设备制造商（OEM）如何应对电动汽车出行、电池和充电基础设施等问题。

（2）附加值：电动汽车行业先驱者特斯拉不仅将电动出行和软件作为其企业战略和产品系列的出发点，而且还大大简化了生产和（在线）销售流程。2021年，来自信息技术行业的一则消息触动了传统汽车制造商紧张的神经：苹果和谷歌将打造智能汽车。他们都拥有德国汽车制造商所没有的东西：直接访问智能用户，以及更重要的——用户的数据。

第二章探讨了汽车行业的价值链。汽车行业与工厂行业的合作，或者汽车行业之间的新合作如何实现？为什么我们需要更多的垂直整合？在服务预计占到30% ~ 40%利润的未来我们如何通过服务创造价值？

（3）数字化：系统架构、连接性和镜像正在被强调——越来越多的客户希望将他们的智能手机体验转移到汽车上。汽车不再由视觉设计、马力（1马力=0.735千瓦）或者千瓦及其钣金来定义，而是取决于功能设计。手机应用程序（App）开辟了新的业务领域。因此，汽车的软件架构必须改变。所以，没有微型电路，也就是芯片，一切都是徒劳无功。这种新的视角改变了我们对汽车用户界面的看法、对驾驶体验的期望，并且使我们的汽车与其他汽车、交通信号灯、道路、充电桩、停车场的通信成为可能。安全要求和出行方面的新业务模式也推动了自动化和自动驾驶。因此，汽车的电气系统和电子架构必须改变。

第三章则说明了为什么这种改变在欧洲必须被称为"开源先行"。这一章展示了各个汽车制造商的发展情况，审视了私人和国家控制的云端，并提出了欧洲安全战略的问题。

（4）汽车：随着汽车越来越有创意，我们对"汽车究竟是什么"这个问题的认知已经不再适用了。

第四章则介绍了最新的发展情况，并将汽车描绘成一台服务设备，每次升级都为用户提供了新的可能性，而且完全无须去修理厂。未来的驾驶员不再仅仅被视为驾驶最大马力赛车的进取型和运动型车手，他们也可能是在汽车上工作的通勤者，或者是那些在忙碌的一天之后，由自动驾驶出租车送回家中，然后还可以断点续播在归途中就已经开始看的电视剧集的人。本章就驾驶乐趣、乘车和危险这些新维度进行讨论，并探究了对德国汽车制造商的影响。

很明显，上述维度的合力迫使德国汽车制造商重新定义其业务模式——脱离产品固定化，转为以服务为导向。在此过程中，他们不仅需要重新考虑客户需求，还需要重新思考生态、地缘政治环境、价值链、新出行的各个方面以及其所熟悉的市场。戴姆勒的竞争对手不再仅仅是宝马和奥迪，还有苹果和谷歌。他们的合作伙伴可能来自游戏行业，也可能来自智能手机供应链行业。医疗技术或能源市场可能会出现新的商业领域。这里已经发生了很多变化。

我预计，这里还会发生更多的变化，而且这些变化必须来得要快。这样，德国的汽车行业就拥有了一个真正的机会。这里指的不仅仅是制造商，也包括下游供应商。

谁知道他们各方都会变成什么样子呢？虽然汽车结构的转变终于迈入了起步阶段，但是依然困难重重。大部分事物都需要重新发明。合并和重组将发生。最后，我们可能会看到空中客车公司成了飞行出租车的供应商，丰田成了智能城市的运营商；大陆集团、博世集团和采埃孚股份有限公司与英伟达、雷克格尼（Recogni）、佛吉亚和瓦伦斯半导体公司一起成了"技术领先"的新驱动力，他们的创新性远远超出我们今日的想象。未来就在我们脚下，重点是行动。

借助这本书，我想鼓励德国乃至欧洲的汽车制造商去开辟全新的道路——一条通向数字网络化欧洲汽车产业的道路，进一步为电动出行做好准备。当然，汽车行业处于全球玩家联盟的最前沿，无论行业内部和意识形态分歧如何，它可以使我们每个人都实现气候友好型个人出行。

祝各位读者阅读愉快，并能够从本书中汲取灵感。

——彼得·默滕斯（Peter Mertens）博士

第一章

制造气候友好型汽车

CHAPTER 1

绝地反击
汽车业数字化、新能源化的追赶与超越

　　汽车工业的最新历史读起来像是匆忙改写的好莱坞剧本《泰坦尼克号》。像泰坦尼克号一样号称永不沉没的汽车行业，现在突然遇到了危险的障碍：罚款、反汽车运动、新冠肺炎疫情大流行造成的损失、燃油发动机的全面终结。这是我们德国汽车工业百年来所喝过的最刺激的鸡尾酒。那么，我们的汽车工业就此土崩瓦解了吗？恰恰相反。2021年3月，受影响的汽车行业重新振作，德国汽车制造商又回到了赛道上。这又是怎么发生的呢？

本章概要：

- 将气候辩论置于"帝国反击战"的语境当中。
- 批判地看待电动发动机突飞猛进的问题。
- 围绕氢动力的争论有什么样的结果。
- 讨论二氧化碳价格在博弈中的关键作用。

风向变了，汽车帝国的气候之辨

　　2021年3月15日，时任大众汽车集团首席执行官赫伯特·迪斯为他的第一个"大众动力日"举行了庆祝活动。这表明，德国汽车制造商在争夺全球汽车市场霸主地位的竞争中表现得十分积极。"大众动力日"是对埃隆·马斯克（Elon Musk）于2020年秋季提出的"动力电池日"的回应。据悉，特斯拉汽车公司希望在2030年将电芯的产能提升到3000吉瓦时（作为参考，一个核电站的额定功率约为1.4吉瓦），而大众截至2030年将新建6家欧洲电池厂，总产能达240吉瓦时。这一数据和特斯拉汽车公司的计划产能相比虽不值得一提，但比特斯拉汽车公司内华达州超级工厂目前的产能要高出6倍。

　　据悉，大众同期的电动汽车销量增加了70％以上。2020年交付的电动汽车约930万辆，按照当前销售量计算，大约卖出了650万辆。特斯拉目前虽然只销售了50万辆电动汽车，但仍计划在2030年之前每年生产2000万辆电动汽车。大众也正投资730亿欧元实施自己的"电动汽车改造项目"。特斯拉2020年的销售额仅为264.6亿欧元，而大众的销售额为2229亿欧元。然而，特斯拉汽车公司目前在股票市场的市值几乎是大众汽车的5倍（数据：2021年5月）。关于二者当前竞争状态的背景信息介绍先告一段落。

这是一场全球巨头的较量。为了迎接新时代的到来，宝马、戴姆勒、福特、丰田、雷诺（提出"雷诺革命"）和捷豹路虎（提出"重塑未来"）都在摩拳擦掌：未来，几乎所有下线的汽车都将是电动汽车。

● 不能等到2025年，《帝国反击战》现在就要开始

汽车行业的《泰坦尼克号》就是叙事转变的结果。如果说至少在 5 年前，一些行业还普遍质疑气候变化，给任何公开主张应对气候变化的人扣上"气候玄学家"的帽子，但当欧盟委员会将《欧洲绿色协议》确定为其政策的核心时，不得不说风向真的变了。那还是在 2019 年，直到那时都还没有真心实意做出改变的人最晚现在也要转向"绿色"了，以参与欧盟高达数十亿欧元的氢能、电池和二氧化碳减排项目。

到 2021 年年底，欧盟委员会将提出一项新的汽车提案——欧 7 排放标准，并设定新的排放限值。预计该标准不会在 2025 年前生效，且仅适用于新车。因此，德国汽车制造商本应有很多时间来适应这条新政。然而，了解德国汽车制造商车型周期的人都知道，其汽车开发周期为三年至四年，单个车型和车型系列的生命周期为六至八年。这就是为什么汽车帝国现在就要开始反击，而不能等到 2025 年。

欧盟新的政治氛围改变了冲突的焦点：德国汽车制造商不再与瑞典环保少女格蕾塔·通贝里（Greta Thunberg）角力，而是在新能源汽车行业展开全球竞争。这也意味着，他们要面对的是全球最成功的电动汽车缔造者——埃隆·马斯克，后者将他的官方职位头衔改为"特斯拉的技术之王"。他们也要同来自东方的新力量交手：中国汽车制造商的比亚迪、蔚来、爱驰、领克和小鹏等品牌意图席卷欧洲市场。第一眼看去，这是一场对手明确的游戏。我们可能会认为，一方赢，则另一方输。但事实上并不是那么简单。

● 竞争、合作、气候保护？这很复杂

尽管德国汽车制造商出于传统的"突破科技，启迪未来"理念展开了激烈的竞争，但长期以来，他们把冲突抛诸

脑后，彼此间相互投资并展开了不同形式的合作：

- 早在2010年，中国的浙江吉利控股集团（简称"吉利"）就从福特手中收购了沃尔沃的汽车业务。吉利和沃尔沃未来将建立一家合资企业，共同制造汽车发动机，包括内燃机和混合动力发动机。沃尔沃还将管理吉利的子公司领克在欧洲的售后业务。

- 吉利是德国汽车制造商戴姆勒的主要股东，也是后者重要的合作伙伴。从2024年起，吉利将在中国制造新的smart电动汽车。

- 2019年7月，中国北京汽车集团有限公司（简称"北汽集团"）作为戴姆勒股东获得了5%的表决权。北汽集团是戴姆勒在华的主要合作伙伴之一，双方开办合资企业北京奔驰汽车有限公司，并经营着北京奔驰工厂。

- 中国的制造商早已在德国建立了自己的电池工厂：宁德时代新能源科技股份有限公司（简称"宁德时代"）已经在图林根州建造电池生产基地，预计将于2022年完工。蜂巢能源科技股份有限公司（简称"蜂巢能源"）正在萨尔州建造一个拥有24吉瓦时产能的电池芯工厂，预计将于2023年完工。

● 此外，德国汽车制造商还与特斯拉汽车公司展开合作，例如，德国施瓦本的下游供应商杜尔集团中标，将为柏林特斯拉工厂提供油漆机器人，甚至连德国耶拿光学集团公司也参与进来，成为特斯拉车身部件制造单元的供应商。早在2017年，特斯拉汽车公司就收购了总部设在普吕姆的格罗曼工程公司。这位下游供应商制造装配机械等产品，自2020年起改称为特斯拉自动化有限公司。

这种竞争与合作看起来比《帝国反击战》的游戏规则要复杂得多。事实上，德国和欧洲的汽车制造商都设定了一些有趣的战术策略。这些策略从技术角度来看无比卓越，专注于业务成果且占据绝对优势，但从气候保护的角度来看却是次优选择。

关于帮派的游戏：2020年11月，宝马宣布停止在德国生产燃油车。到2024年，宝马计划将燃油车的生产线从慕尼黑转移到英国和奥地利。戴姆勒还希望与中国制造商吉利一起继续在欧洲和中国生产燃油车。因此，燃油车的淘汰模型被保留下来，但部分被推出了欧盟边界。

等级越高，重量越大：过去50年来，汽车的发动机越来越强大，效率也越来越高。早在20世纪90年代中期，四升的柴油车便问世了——你可能还记得我当时负责的A级奔驰车。这辆汽车的发动机极好，却由于"麋鹿测试"[①]而闻名于世。尽管结果令人大跌眼镜，公司还是对它进行了优化，最后A级奔驰车被人顶礼膜拜。

发动机能效的提升似乎可以为气候保护做出更大贡献。然而这并没有发生。因为随着发动机燃料效率的提高，汽车的体量迅速增加，从而抵消了任何积极的影响。例如，1980年的丰田Starlet P6质量约735千克，同一年下线的奔驰W123质量约1390千克。2019年的情况则完全不同：所有新批准汽车的平均总质量为2037千克。除此之外，部分空气阻力值非常高的车辆也有不利的一方面——会导致二氧化碳排放量增加。这里，我们需要面对的是典型的反弹效应：提高能效的技术进步因节能方面的倒退而备受削弱。与此同时，德国汽车制造商几乎不能靠小型汽车赚取利润，这也不是什么秘

---

① "麋鹿测试"是国际上衡量车辆安全性的重要标准。这个测试的名字来自麋鹿，在北欧和北美大部分地区，麋鹿经常会在车辆前出其不意地跳出来，与高速行驶的车辆相撞，造成严重的交通事故。"麋鹿测试"中要检验的就是车辆回避障碍的能力。奔驰A级汽车进行麋鹿测试时，一名记者居然发生了翻车事故。——编者注

密，运动型多用途汽车才是吸金高手。如前所述，考虑到客户的偏好，性能、舒适度和安全性方面的法规要求，以及业绩成果，由于运动型多用途汽车对生产和运营方面的资源需求较高，对气候的不利影响大，因此相对来说，运动型多用途汽车只是次优选择。但这并不是说运动型多用途汽车现在不应该再存在了，相反地，这意味着我们需要其他的运动型多用途汽车。

我们需要由电力以及再生能源驱动的运动型多用途汽车。这种运动型多用途汽车的发动机的设计不应着眼于最高速度，而应基于现实行驶情况。因此，不应以峰值速度对它们进行优化，而应按照我们高速公路的实际情况进行优化。

我认为，以150千米/小时的速度行驶就算得上是快速前进了，这种情况下的压力和事故数量会大大减少。综合各个汽车品牌的情况来看，将汽车速度降低到180千米/小时是一个明智的决定。

算术游戏：一方面，像沃尔沃这样具有准确尾气排放平衡表的制造商能够说明电动汽车的优势，例如沃尔沃XC40充电款P8 AWD。他们对每一个环节进行了研究，从原材料开采到供应链、生产和装配，一直到假定的200000千米运行性能，最后再到车辆回收。结果是：从47000千米的运行性能来看，电动汽车的二氧化碳排放优于燃油汽车。当充电电流来自可再生能源时，电动汽车排放的二氧化碳是27吨，而燃油汽车是58吨。可见电动汽车性能极佳，且又为大气保护做出了重要贡献。而混合动力汽车的二氧化碳的减排效果看起来不那么积极，但仍然显著。另一方面，这种计算方式未将基础设施（高速公路、停车场等）的二氧化碳排放量考虑在内。电动汽车可以提供综合运输或多式联运，其基础设施的二氧化碳排放量比燃油车的出行方案低。简单地解释一下：

- 综合运输是指在不同路线上使用各种运输方式。
- 多式联运是指在一条路线上将各种运输方式结合起来，以便从个案角度实现最佳解决方案。

在这一点上，我并不是要给德国的汽车制造商套上枷锁。恰恰相反。我认为这个问题关乎如何更好地理解大局：第一个情节（《泰坦尼克号》）和第二个情节（《帝国反击战》）之间发生了很多事件。德国的汽车制造商觉醒了，他们现在准备迈入"绿色"阶段。但是，他们中的很多人仍然反应太慢，太以自我为中心，畏首畏尾。可是，时间紧迫。我们注意观察一下大局的细节。

● 实际上，气候变迁是创造出来的

如今，极端天气已经进入了议程。北大西洋的风暴比以往任何时候都要多，美国海岸的飓风也比以往任何时候都要频繁。山火在美国和澳大利亚、巴西等地的大片土地上蔓延数周。气候灾难就发生在我们家门口：据德国气象局（DWD）介绍，自1951年以来，德国的高温天数增加了170%，下雪的天数则减少了42%。植被比以往提前三周开始生长，枯竭的森林在树皮虫的肆虐下呻吟，库克斯港的北海海平面比1843年的数值高出40厘米。统计数据显示，1881年至2018年，德国的气温上升了1.5摄氏度。气候变迁是真实发生的。（图1-1）

但这不是巧合。全球气温上升带来的影响再清楚不过：极地的永久冻土和冰川融化、赤道地区被危及生命的热浪席卷。这些事实印证，我们排放的大量二氧化碳已经严重地改变了大气环境，对全球气候产生了影响。

如果情况继续发展下去，地球将升温约5摄氏度。对于我的家乡黑森州来说，这就意味着夏季气温将从舒适的25摄氏度上升到30摄氏度。粗略一看，这似乎没什么了不起。但在全球范围内，变异的气候将导致大范围的移民流动，围绕

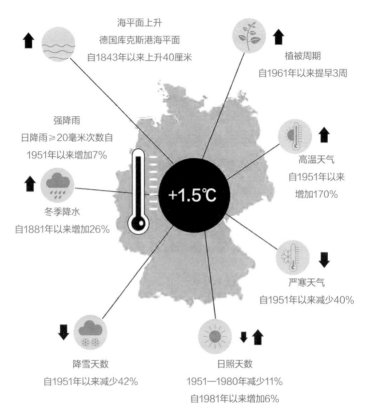

图1-1　德国气候变迁图

　　土地、水和空气的军事冲突层出不穷，这会对我们的富足状
态甚至工业构成具体的威胁，没有人愿意看到这种威胁。

　　在短期内，如果我们将全球二氧化碳排放量减少
50%——发达国家需减少80%，我们仍然面临着气温上升2
摄氏度的结果。根据德国气象局发布的信息，这将比过去

一万年来任何的气候变迁都要剧烈。令人惊讶的是，德国气象局在发布消息时甚至听起来充满信心："全球的大气环境正在变迁，人类推动气候变化的列车滚滚向前，势不可当。但至少我们能够密切观察演进情况，从中得出结论，给出建议。如果所有负责人齐心协力，我们就能影响列车的行进速度，也许能到达安全的车站。让我们抓住这个机会。"

然后呢？我们能抓住这个机会吗？是，一定能。行业已经兴起，变革已经来临。早在2019年，佛吉亚集团就宣布到2030年实现碳中和，并成为供应商的先驱之一。除了法雷奥集团以外，博世集团等其他供应商也参与进来。博世集团自2020年年初以来已经转向碳中和（根据《温室气体核算体系》①的范围1和范围2）；而大陆集团则希望从2040年起实现不产生二氧化碳的生产经营模式。目前这些努力初见成效，但还远远不够。

此外，在全球范围内，一些国家的政府也制定了转向局部零排放出行的目标。但是，他们大部分没有制订具体的行动计划，即使有的话，起效也太慢。此外，汽车和卡车的排

———————————

① 《温室气体核算体系》的范围1和范围2即直接温室空气体排放和电力产生的间接温空气体排放。

放需要大规模减少。因为，尽管我们付出了大量的努力，甚至算上新冠肺炎疫情导致的出行受限，气候有害的气体排放仍不降反升，特别是在货物运输方面，其里程数逐年增加。然而，发展还没有结束。据专家称，到2050年，交通运输量将增长35%。据国际运输论坛2017年峰会研究预测，未来陆运、水运和空运的总量将大幅增加，预计到2050年，二氧化碳排放量将增加70%。根据这项研究，即使情景再乐观，2015年在巴黎商定的气候目标也无法实现。

重要的是，我们要知道，在德国，交通行业的温室气体排放排在能源产业和建筑业之后的第3位。因此，它对为气候变化做出积极贡献负有相应的重大责任，更何况未来的运输里程和个人出行可能都只会增加而不会减少。

因此，仅仅提高燃油车的能效还远远不够。我们需要其他发动机，需要轻型汽车，需要通过软件设计出联网的甚至是自动驾驶的汽车，打造新的出行方式。我们必须利用更多的新机会。

● 德国汽车制造商的崛起机会

气候变化为德国汽车制造商的崛起展开了全新的前景。

下面我来举几个例子：

光伏发电：博世集团和德国开关电源制造商德国动力创新有限公司（Power Innovation GmbH）与卡尔斯鲁厄理工学院电子技术学院合作的"Skale"项目开发了一个可扩展的充电系统。该系统由一台光伏设备、一个稳态锂离子存储器和一个中压电源接头组成，不仅可以发电，还能防止负载峰值，稳定电网。卡尔斯鲁厄理工学院电气工程研究所的马克·希勒（Marc Hiller）教授说："这种方法旨在为任何具有多个充电点的停车空间提供前瞻性的基础设施解决方案，并有效地利用分散的能源。"

极具创造力的慕尼黑创业公司索诺汽车推出太阳能电动汽车"Sion"，它的外部完全被太阳能电池覆盖，在阳光下停车或行驶时均能够自动充电。Sion每周可通过纯太阳能实现最高达245千米（平均112千米）的额外续航里程。过去，公司创始人曾经面临着技术和资金困境。目前，公司有了一名新的主要投资人（Swedbank Robur），并且与前一级方程式赛车世界冠军尼科·罗斯伯格（Nico Rosberg）及其团队罗斯伯格工程（TRE）建立了新的发展伙伴关系。现在，索诺计划在2022年第四季度开始生产Sion，我们很快就能见证其想法是否可行。这种想法还包括实现共享服务，以及能让

Sion的所有者将自己的汽车作为充电站为其他汽车充电。这听起来令人兴奋。

汽车作为移动充电站：大众汽车目前正在围绕"双向充电"构建一种新的商业模式。其背后的想法是从公共电网充电到车辆中（"电网对车辆"），并在必要时将电流馈回公共电网（"车辆对电网"）。总的来说，这个想法叫作智能电网。汽车车主会获得相应的费用补偿。日产、现代汽车、斯特兰蒂斯、宝马和奥迪以及总部设在苏黎世、慕尼黑和贝尔蒙特（加利福尼亚州）的科技公司"流动之家"（The Mobility House）也在从事类似的项目。这家成立于2009年的初创企业通过智能充电和能源解决方案将汽车电池集成到电网中，从而在汽车和能源行业之间架起一座桥梁。这促进了可再生能源的发展，稳定了电网，使电动出行更加便宜。流动之家公司正在构建充电基础设施，并作为中立供应商与许多合作伙伴展开合作。

移动性：未来驾驶不再仅仅意味着驾驶汽车。今后几年，出行变成以综合运输和多式联运为基础的私人定制方案。我们需要跨部门的服务供应商，需要新的App和账户、智能订阅和灵活的支付系统，这些系统可以为跑车、铁路甚至电动跑步机提供服务，包括保险、线路规划和娱乐。

例如，柏林运输公司（Berliner Verkehrsbetriebe）开发了一个可提供所有移动服务的应用程序杰尔比（Jelbi），通过杰尔比人们可以预订电动滑板车、共享单车、汽车和公共交通工具。如今，除了汽车租赁外，私营供应商还提供自行车和电子摩托车的租赁服务。例如，宝马集团和戴姆勒移动出行公司的联合子公司摩威（Moovel）集团运营着移动平台"ReachNow即时出行"，这是一个按需生态系统，旨在跨越不同交通方式之间的界限。此外，他们还通过名为"现在免费"（FreeNow）的App提供打车、汽车租赁以及电动摩托车、电动滑板车租赁和汽车共享服务。

许多服务方案缺乏接连私人服务与公共交通之间的桥梁，这往往是当地供应商和当局不愿加入公私伙伴关系（PPP）所造成的。在这一点上，2014年成立的初创企业Wunder Mobility表现良好，一方面，它提供软件和硬件，汽车、自行车和摩托车共享服务和拼车服务；另一方面，它通过许可销售自己的软件来成为企业、城市和社区的合作伙伴。

结论：从光伏发电到出行App，随着围绕气候友好型商业模式新价值链的发展，德国汽车产业诞生了许多新的机遇。那些快速掉转航向的人可以参与进来。谁能想得到现在的燃油车供应商明天会不会转型从事一个完全不同的业务呢？要知道，曼内斯曼公司在19世纪还是钢管的代言人，而现在则代表着电信。欧宝于20世纪60年代开始制造缝纫机，并自20世纪80年代起开始建造安全低轮自行车——高轮自行车之后普及到大众中的自行车。今天还有谁知道欧宝在20世纪20年代是世界上最大的自行车制造商？早在1930年，通用汽车就完全接管了欧宝。第二次世界大战之后，欧宝再次崛起，并于20世纪90年代迎来其成功的高光时刻。然而，欧宝从那时起就一直在走下坡路，而其"改弦更张"（Umparken im Kopf）的形象宣传（2014年）非但没有促成销售上涨，反而导致了销售滑坡。欧宝目前正在沦为斯特兰蒂斯集团的一家生产商。在这种情况下，自力更生是唯一的出路。例如，黑莓从按键电话转向汽车软件，在衰落之前启动自我保护。

我认为，不断进行彻底革新的能力是每个成功的工业企业的基本技能之一。德国乃至欧洲的汽车制造商有能力在新兴市场站稳脚跟。看一看各家公司在股票市场的市值就可以发现这一点：它们的市值丝毫没有任何衰落的痕迹。（欧洲汽车）帝国依然辉煌地屹立着，或许这些公司在历史上的市值从未像现在（2021年春天）这样高。

但是，气候变化方面的任务还没有完成。我们的目标仍然是：必须尽快且尽可能多地从汽车尾气排放平衡表中把二氧化碳剔除出去。很多人看不到的是，这一目标不是一蹴而就的，而是一场持久战。这不是一个"帝国"战胜来自其他大洲的其他品牌的问题，而是一个全局问题。人人为我，我为人人。这就是为什么我们不应该相互斗争，而是需要通过合理的合作来实现共同的气候目标。而最重要的是，电动汽车只有在使用绿色电力时才"真正实现绿色"。这是众所周知的！当然，这并不是反对新形式的驱动技术，而是支持它们的进一步发展。

电动发动机1：0

　　"电池已经赢得了比赛"这句话振聋发聩。早在2021年3月"大众动力日"开始的时候，赫伯特·迪斯就清楚地表明，这就是他今后几年将带领大众集团前进的方向。比赛的走势并非每个人都能预料到，我也没有。我开诚布公地讲吧，多年来，我低估了锂离子电池的必然发展。欧洲的汽车制造商早就应该在这里掌握技术诀窍。现在，我要说的是，我们从过去学到了一些经验，现在还来得及。

　　2021年，德国销售的电动汽车和混合动力汽车首次超过了柴油车。这是一个明显的迹象。但赫伯特·迪斯的声明才真正宣布德国汽车制造商放弃了长期以来视为圭臬的多赛道战略——同步推进各种业务。

　　换句话说，一直以来只要我们还不清楚到底哪种技术最终会获胜，各种驱动方式——传统燃料、燃料电池、锂离子电池、混合动力、液体碳氢链燃料和氢燃料——在我们眼中都是一样的。这是一个昂贵的想法，愿意接受的制造商越来越少，但到目前为止，他们背后仍然有着可靠的政界支持者。至于为什么会这样，请见后文分解。现在，让我们先聊一聊人们对电动出行的热情。我觉得，人们对电动出行的热情还是很大的。我也是这种驱动技术的大力支持者。但目前电动汽车仍有许多缺点。对客户来说，它的充电时间较长，续航里程较短。对制造商来说，它的利润很少或根本没有。那么，制造商该如何定位？

在德国注册的特斯拉汽车已经达到大约34000辆，但"总决赛"还没有开始。事实上，前民主德国特拉贝特车型电动汽车的注册数量超过38000辆，比埃隆·马斯克的特斯拉电动汽车更普遍。

为了进一步推动电动汽车的发展，大众集团现在想消除纯电动汽车的两个最大限制因素：电池和充电桩。大众集团就这两个主题准备了一个大计划。从长远来看，电池的成本要降低一半，充电速度要提升一倍。现在，电池已经成了大众集团的研究、开发和生产中心的宠儿——汽车燃烧器曾经在这里做了80多年的霸主。从2023年开始，大众集团预计生产一种尽可能便宜的"统一电池"，搭配（所有品牌的）所有车型销售，这样一来，即使没有买家佣金，这些车型的价格也比同类型的柴油车和汽油车版本便宜。大众集团的努力带来的结果不是进化，而是一场革命。

而竞争对手也没有掉以轻心：除了特斯拉和大众之外，福特、通用汽车、沃尔沃等汽车制造商也在争夺电动汽车市场的新霸主地位，并希望向全世界销售数百万台纯电动汽车，这都预示着燃油车的终结。宝马计划到2030年至少50%的销售量来自电动汽车，这是"汽车电动化"运动中最保守的计划。戴姆勒则首先将其车辆设计为电动汽车型，然后再研制混合动力传动装置。

福特计划投资10亿美元在其科隆基地开发和生产电动汽车。这不仅对科隆来说是个好消息，对大众来说也是个好消息。2019年，两家公司就电动出行主题达成了合作协议。例如，福特将用大众的模块化电动汽车平台（MEB）生产电动汽车，大众也可以一道赚钱。从2026年开始，福特打算在欧洲只销售纯电池驱动或混合动力的汽车；到2030年，则只销售纯电池电动汽车；汽油版本的商用车辆将在市场上再活跃一段时间，除了将于2023年在土耳其下线的电动汽车"Transit Custom"。

以德国本地制造商的战略部门和工厂为例。发展服务提供商Fka和企业咨询公司罗兰贝格的电动出行指数证实，德国汽车制造商现在的发展前景还算不错。该指数每年比较七大汽车国在电动交通领域的情况。在该指数2021年的排名中，德国上升了一位，排名第二。在具体到市场类别中，德国甚至从排名第五爬升到了第一。原因在于其电动汽车销售增长了250%以上。

麦肯锡咨询公司（简称"麦肯锡"）对未来发展做出了量化预测：到2024年，德国汽车制造商在全球电动汽车生产量中所占份额将增加到29%。麦肯锡科隆分公司的高级合伙人尼古拉·穆勒（Nicolai Müller）称："中国仍然是世界上最大的市场，中国本地产品的供应大幅增加。但是，欧洲的需求在猛增。预计还会产生更多的动力，因为制造商希望在碳排放限制范围内不断增加产品。"截至2021年5月，仅在德国，像"环境红利"（Umweltbonus）这样的电动汽车激励措施就收到了593978份资助申请，其中数量最多的是大众汽车的e-Up!（20115份申请）和Smart EQ fortwo（17385份申请）。

2018年至2019年，欧洲纯电动汽车和插电混合动力汽车的销量增长了44%，达到60多万辆。但这还远远不够。为了避免向欧盟支付惩罚性款项，到2021年，欧洲汽车制造商必须将200多万辆电动汽车投入市场。正因为如此，麦肯锡已经宣布欧洲"成为未来电动出行的热点"。

简而言之，我们在汽车行业看到了新的动力、新的决心。尽管如此，电动出行仍备受指摘。原因很明显：技术和政策。让我们从政策开始谈。

● 问题领域——政策：为什么电动出行腹背受敌？

赫伯特·迪斯称批评在意料之中：在未来两年内，多达5000个职位将被裁撤。这些职位在社会劳动合同管理范畴之内，不算解雇，但工会代表们丝毫不喜欢听到这个消息。而气候活动家们则希望转型来得再快一点，而不仅仅是到2030年逐步转型。他们希望德国联邦政府最终到2045年能够按照《气候保护法》的计划完全实现温室气体净零排放，并希望汽车工业100%地转向电动。但为什么政客们最初如此强烈地抨击大众汽车的电动汽车之路呢？

因为德国政界看到了另一条路：氢能。其批评的背景在于：可以通过使用（可再生）电力电解水来获得氢气，并将其加工成电力燃料，即液体碳氢链燃料，这种电力多元转换技术会让使用这些合成燃料的交通活动不再产生二氧化碳。但我可以直截了当地说，对大部分汽车来说，这一方案并不起作用，因为可供我们生产氢气所使用的可再生能源太少。不过，对工业应用和卡车运输来说，氢气可能是一种选择。我们将在下一章更详细地讨论氢气这一话题。

无论如何，在这种背景下，德国希望在2030年之前实现5吉瓦时的氢气产能，到2040年达到10吉瓦时，相当于10座核电站的产能。2016年至2026年，14亿欧元的鼓励资金会流入氢技术领域。多风的临海联邦州石勒苏益格-荷尔斯泰因州因此发挥着特殊的作用，它是德国最北部的联邦州，凭借其港口、仓库和管道等基础设施可成为未来氢进口的枢纽。根据专家意见，到2030年，这里的氢生产收入可以覆盖成本。石勒苏益格-荷尔斯泰因州用2000万欧元鼓励资金资助技术发展，具体来说是帮助德国意昂集团（E.ON）、汉斯能源（HanseWerk）集团和科思创集团（Covestro）建造氢电解厂。目前已经与温佳能源（Wind2Gas）公司合作，在易北河上的布隆斯比特运营一个加氢站，并测试了绿色氢通过天然气管网的运输情况。

简而言之，德国这一北部联邦州的动作很大，对氢气寄予了很大希望。当大众汽车这样规模的企业选择完全不同的道路，将所有力量集中在全球范围内的电动出行问题上时，北部联邦州政界的过敏反应也就毫不令人奇怪了。我的意思是，我们现在需要一致的关注点。许多事务早已被汽车行业熟知，但在政界还没有达成普遍共识。我认为，当涉及个人的、碳中和的出行时，政策应紧随经济其后。而为什么原始设备制造商早已放弃的方案依然存在，我们还没有其他办法可以解释。现在我们来了解一下围绕电池主题的技术挑战。

● "常青树"电池：回顾历史，展望未来

在电池方面，欧洲迫切需要切断对亚洲的依赖。随着大众汽车规划的六个生产基地的落实，一切终将步入正轨。在欧洲迈出建立电池工厂这一步之前，我们只听到了来自亚洲的计划。比如，韩国电池制造商SK创新(SK Innovation)计划在匈牙利建设第三家工厂（30吉瓦时），韩国乐金化学（LG Chem）也已经在波兰建厂（65吉瓦时），中国制造商宁德时代已经在德国的埃尔福特、霍伊斯韦勒和于伯黑恩建厂。

据德国弗劳恩霍夫协会系统与创新研究所(简称"弗劳恩霍夫ISI")估计，2025年至2030年，亚洲电池制造商在欧洲建厂的总产能将达到250吉瓦时至300吉瓦时。欧洲电池制造商的计划可以与之匹敌。如果一切按计划进行，到2030年，欧洲将拥有500吉瓦时至600吉瓦时的产能。虽然亚洲制造商在

电池生产方面有更丰富的经验，但弗劳恩霍夫ISI自信满满地认为：展望未来，更高的能量密度、快速充电能力、更低的成本和可持续的生产，例如通过使用可再生能源，仍然可以为欧洲带来理想的竞争优势。

但事实是，公认的全球电池技术行业的领头羊是松下、乐金化学、三星和宁德时代等亚洲企业。欧洲的电池技术还只是初级水平。从产业政策的角度来看，长期以来，欧洲一直完全依赖于中国和韩国的制造商，这不是平衡的发展状态。我们低估了电池的问题。当然，瑞典基律纳的电池制造商诺斯伏特（Northvolt）公司除外，其创办人和前特斯拉汽车公司经理彼得·卡尔松（Peter Carlsson）5年来一直以环保的方式处理电池问题。一方面，诺斯伏特公司依赖水力和风力，另一方面，它在瑞典当地尽可能以环保的方式开采原料，进行生产。我觉得迈出这一步非常勇敢。好吧，这个行业现在终于起步了。但是，为什么这么迟？

答案是路径依赖。德国的汽车制造商在燃油车这条道路上走得一直非常成功。因为外部压力，汽车制造商才把柴油车改造得如此强大，甚至达到了极限值。在大多数情况下，当前德国汽车制造商在电动汽车方向上的进步也不是自主的，而是对愈发严格的排放限制所做出的反应。钟摆现在更偏向于电动出行，而更少偏向于燃料电池，这要归功于锂离子电池的发展进步。锂离子电池不仅使我们对汽车本身，还使我们对围绕汽车的整个生态系统进行彻底重新的思考——从制造商到供应商，再到云服务商、绿色电力生产商和电池回收商。

只是思考总比行动容易。从以前的技术范式转变中我们知道，重大变革需要非常长的时间。以航运业为例，蒸汽船诞生于19世纪初期，帆船供应商再次投入了巨大的资金，但新技术推迟了足足100年后才得以实施。再以照明为例，从煤气灯（1785年开始）向白炽灯（1880年开始）的转变不仅需要新技术，还需要新的商业模式，到目前为止还没有完全开发完成。柏林目前约有42000个煤气灯，这占到了世界上仍在使用的煤气灯的一半以上。也就是说，在许多情况下，技术发展既不迅速，也不直截了当。在汽车上也是如此。

1900年前后，在美国，电动汽车的数量几乎是汽油车的两倍。虽然当时的电池很重，电力很弱且很贵，但仍然比早期的燃油车更实用，因为这些燃油车有时会喷出危险的热油，而且只能用曲柄来启动，需要操作员具备很大的力量和经验，那些做不到的人偶尔会手部骨折。于是，补救措施来了，那就是发明于1911年的电启动器。这使得驾驶员无须经过训练即可发动汽车，更重要的是，他们能够到达较远的目的地，因为当时燃油车的可行驶距离已经超过了电动汽车。所以燃油车占了上风。尽管如此，汽车制造商仍持续不断地研究电池。

在1972年的奥运会中，宝马推出1602e型电动汽车作为马拉松比赛的引导车。它应用了质量为350千克的铅酸电池，续航里程约30千米。直到25年后，即1997年，第一个量产混合动力发动机在日本诞生了：丰田普锐斯在纯电模式下速度达到了75千米/小时，行驶了5千米的距离。5千米仅仅是一个开始。10年后，一个叫埃隆·马斯克的家伙又在车上装了一堆铅酸电池。当时很少有人认真地看待这件事。特斯拉装了7000多节电池？这看起来太复杂、太脆弱，根本行不通。但实际上并没有问题。今天，老牌汽车制造商正在努力从钣金联盟中崛起，而这名后起之秀正在准备他的第一次火星之旅。

从2008年开始，捷报频传：特斯拉汽车公司于2008年推出了Roadster跑车，三菱汽车公司于2009年推出了三菱i-MiEV，日产汽车公司于2010年推出了日产Leaf。此外，还有宝马于2009年推出的MINI E和2011年推出的ActiveE 等概念车。然而，电动汽车真正变得"酷"起来，而不仅仅是智能和生态的代名词，源于蔚来汽车于2016年推出的像Nio EP9这样的运动型汽车，其零排放、平稳的运行和动力水平在业界树立了一个新标杆，甚至令燃油车的狂热爱好者们也倍感兴趣。

特斯拉的表现也十分强劲。直至2019年，这家美国加利福尼亚州的汽车制造商的Model S、Model X，尤其是Model 3，在欧洲市场中的销量名列前茅。但随后，欧洲的汽车制造商追赶了上来。2020年，雷诺汽车公司以小型车Zoe位居榜首，排在第三位的是大众的新款电动汽车ID·3。瑞银集团的分析师说，大众汽车甚至有办法打败特斯拉。

与此同时，对超级电池的探索工作仍在继续。电池初创企业成了众人瞩目的焦点，例如，致力于开发固态电池的量子景观公司（QuantumScape）。大众汽车向这家位于加利福尼亚州的初创企业投资超过3亿欧元，并持有其20％的股份。

现在，这家沃尔夫斯堡的公司和整个行业都在翘首企盼技术突破，希望电池的能量密度在相同充电周期下增加50％甚至100％。当然，大众汽车和其他厂商的长期目标远不止于此。相比固态电池，电池使用液态电解质的主流设计已经过时了，新标准的性能要高得多。具体来说，使用固态电池的电动汽车的续航里程可以增加30%，充电只需10分钟，行驶性能可达到450千米。固态电池块也不需要外部冷却，占用空间更少，需要的原材料更少，而且更安全，有效地避免了起火的危险。今后，固态电池也可以用作车辆的结构构件。在这种情况下，电池模块的重型金属槽变得多余，从而可以显著降低车辆的重量和成本，而且续航里程也更远。

电动汽车的续航里程相对较短。这是一些人反对电动出行的主要理由之一。如今，这个问题不再严重。现在的电动汽车的续航里程普遍在300～400千米，德国的先进汽车制造商正在向700千米努力，特斯拉和卢西德（Lucid）则希望实现800千米。到目前为止，我们似乎难以想象，电动汽车在2015年的平均续航里程仅为200千米。这是一个巨大的进步。其中不容忽视的是，大约500家欧洲公司在2019年和2020年总共投入850亿欧元用于电池研发。

但是，越来越长的续航里程和越来越强大的性能真的是问题的关键吗？如今，对于追求超高的续航里程，我们已经陷入了一种痴迷与狂热。其实，我们也可以从另一个角度来看待这件事。一台电动汽车的主要成本是电池，但电动汽车并不是每天都需要跑上350千米，也不是时刻都要达到250千米/小时的峰值速度。在日常生活中，普通用户的需求也不过是150千米的续航里程和150千米/小时的峰值速度。这样一来，电动汽车就会便宜很多。在这样的方案中，瓶颈不在于电池，而是在于充电基础设施。现在马路上仍然没有足够的充电站，这简直令人无法忍受。我的意思是，如果每家公司的停车场都配备了足够的充电桩，那么更小规模的电池方案也应该适合日常使用。

　　无论是小型电池还是大型电池，有一点是肯定的，电池行业在欧洲还是一片蓝海。我们必须奋起直追，特别是在充电基础设施方面，而且不能被一些细枝末节干扰。我估计锂离子电池已经到了它生命的后半程。固态电池可能在下一个10年的前半期迎来突破。据德国《商报》报道，大众希望委托量子景观从2023年开始在第一个试点工厂量产成熟的固态电池，丰田希望在2025年之前推出其固态电池，宝马则希望从2030年开始。所以，现在的热门选手是美国的量子景观和日本的丰田。那么，为什么欧洲不能上场呢？

　　不过，欧洲也不是一点动静都没有。例如，欧盟资助了一个名为ASTRABAT的新项目，旨在支持固态电池的开发。此外，欧盟委员会于2021年年初批准了第二个欧洲电池生产计划，名为"欧洲电池创新"。在欧盟12个成员国的42家公司中，德国有11家公司得到了扶持资金。2019年以来，德国正在进行的大型项目总共吸纳投资130亿欧元。德国联邦经济和能源（BMWi）部正在推进30亿欧元的电池相关项目，预计将产生数千个技术性工作岗位。具体来说，这些资金将流入11家汽车公司的电池项目：德国ACI系统公司（ACI Systems）、德国Alumina系统公司（Alumina Systems）、宝马集团、保时捷子公司Cellforce集团、爱尔铃克铃尔股份有限公司、利欧菲特有限公司、曼茨集团、诺斯伏特、西格里碳素公司、Skeleton科技公司和特斯拉。

这一巨大扶持项目的目标是在整个价值链上为电池创新和生产建立一个运转良好的从原材料加工到生产再到回收的生态系统。因此，通过整合西班牙、法国、比利时、奥地利、意大利、波兰、瑞典、芬兰、斯洛伐克、克罗地亚和希腊的其他电池项目，欧洲电池增值联盟的目标现在正大规模地变为现实。

汽车制造商不断在这些通常为基础性的开发项目之外并行开发其他项目，一次又一次地实现令人吃惊的性能创新。例如，保时捷Taycan搭载800伏电气系统，奥迪汽车公司被喻为"特斯拉敌手"的"阿尔忒弥斯"汽车也搭载了800伏电气系统，并且所有A4 E-Tron型号以后的奥迪电动汽车均搭载800伏电气系统。在你喝杯咖啡休息一会儿的时间内——一刻钟而已，这种电动汽车即可充满电。那么，纯电动汽车所有的电力问题都解决了吗？不幸的是，并没有。

• 针对"漂绿"① 的指责：电动汽车到底有多清洁？

一条针对电动汽车的基本性批判不绝于耳：虽说电动汽车表面看上去用的是清洁能源，但其实是金玉其外，败絮其中。虽然我们同情纯电动汽车，但是这种批评不无道理。

电池驱动的电动汽车需要电力，实际上，只有当充入的电力也是"绿色清洁"时，这样的电动汽车才是真正的"绿色"。今天，德国尚未实现这一条件。德国的电力生产逐年"绿色化"，可再生能源所占份额在不断增加：从2000年的约6%上升到2020年的约46%（图1-2）。但是，到2020年，德国总发电量的564太瓦时中，褐煤仍占据了15.8%的电力供应（2018年占比22.5%），硬煤占到了6.5%（2018年占比12.9%），天然气占到了11.9%（2018年占比12.9%）。因此，德国的电力生产并不"绿色"，仍然需要排放大量的二

① 漂绿是由"漂白"和"绿色"合成的一个新词，指的是一个公司或组织运用具有误导性或错误的方式，来夸大自己在环境方面的努力。——编者注

氧化碳。这样可不行。我们需要大胆的政治决策，使我们的
能源供应可以实现碳中和。我们需要退出煤炭能源，而且要
马上退出。

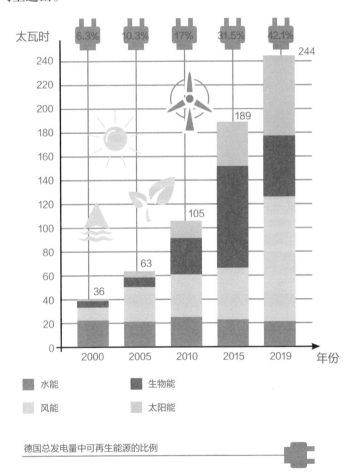

图1-2　德国的可再生能源发电

好消息是，我们的二氧化碳排放量已经在下降。2000年，德国通过发电向大气排放的二氧化碳总量为327吨，2019年降为219吨。这样的进展看起来不错，但我们现在面临4个问题。

（1）如果电力生产减少，我们该何以为继？

答案是，德国向国外售电会减少，并且需要偶尔从法国购买核电。对于减缓全球变暖的首要目标来说，这一点暂时是可以接受的。

（2）德国的电力供应是否足够支持电动汽车运行？

德国联邦环境部的答复是，当然，没问题。目前，德国公路上行驶的大约4500万辆乘用车都是电动的，每年消耗电量大约100太瓦时，这是德国每年总用电量的1/6。随着可再生能源的迅速发展，政府方面认为应该能够满足需求。与此同时，联邦和州制定的风力发电安全距离法规使得新建风力发电站几乎不可能实现，而且光伏能源的发展速度明显放缓，这一点并不是什么秘密。德国农田上除了生产农产品之外，还能生产光伏能源，这一点也没得到政府关注。同样，在西班牙或其他南欧国家也可以生产光伏电力能源。现在需要的是具体的快速扩张行动，而不仅仅是空谈。

（3）电动汽车相比燃油车排出的二氧化碳要少多少？

经济学家哈耶克通过详细的计算得出了这个问题的答案。他写道，电动汽车每行驶100千米平均需要耗电16.3千瓦时，每千瓦时需要向空气中排放0.465千克二氧化碳。柴油车行驶100千米平均需要燃烧6.36升柴油，燃烧的每升柴油产生2.6千克二氧化碳。汽油车行驶100千米平均需要燃烧7.88升汽油，燃烧的每升汽油产生2.37千克二氧化碳。所以，现在我们来对比一下各种交通工具每行驶100千米所排放的二氧化碳总量：

- 柴油车：16.5千克

- 汽油车：18.7千克

- 电动汽车：7.6千克

估计在5年内，同样都是每年行驶20000千米，一台电动汽车排放的二氧化碳总量将比一台汽油车少11.1吨。这个数值超过了我们目前的人均年二氧化碳排放量，包括食品、住房、旅游等（9.5吨）。这是重要的一步。专家表示：为了防止气候变暖，到2050年，我们必须将人均二氧化碳当量限制为1吨，其中的"当量"意味着所有温室气体，而不仅仅是二氧化碳。显而易见，我们单靠电动汽车无法实现这一目标。

无论如何，我们得出的结论是，电动汽车基本上是个好方案，也是一条正确的道路。但是，一旦我们的电力不是100%来自可再生能源，而是只有50%，电动汽车也只能是"一半绿色"。

（4）电池生产情况怎么样？电池到底有多么"绿色"？

锂、钴、镍、锰、硅和石墨的原料生产是重要挑战，未来几年德国汽车工业必须解决这个问题。这里也有一些好的想法，例如，锂不全是来自南美洲盐湖的卤水或者澳大利亚的赤铁矿，也可能来自德国布鲁赫萨尔，在这里，卡尔斯鲁厄理工学院的研究人员开发了一种从温泉水中提取锂的方法。如果温泉水中富含锂，只需要40分钟即可提取足够多的锂来制造一块特斯拉车用动力电池，而提取制造一辆电动自行车专用电池的锂只需两分钟就够了。据研究者说，通过这种方法，理论上每年可生产800吨锂，即生产2万块电池。乍一看，这一数字听起来相当可观，实际上只是杯水车薪。毕竟，2020年仅德国一国就新登记了近20万辆电动汽车，环保补贴申请共计50多万份。

石墨也可以通过合成来制造（尽管能耗很高），硅也可以从沙子中提取出来。刚果（金）德国和赞比亚的钴开采仍然存在问题，虽然我们可以通过开发低钴高能电池来解决，但这需要更多镍。我们也可以开发不再需要钴的钠离子电池，不过其性能更低。所以，我们该如何应对呢？原材料问题仍然具有挑战性，这直接引出下一个问题：回收利用。

从2025年开始，车用电池的回收率预计将显著上升，目前我们还不知道有多少旧电池可以用作其他系统的储能。现在，瑞曼迪斯的利浦工厂正在进行世界上最大的"二次使用电池储能"计划。这一计划背后的推动者是戴姆勒股份公司、流动之家公司和吉泰的一家合资企业，其合伙人瑞曼迪斯运营着电池回收方面的业务。目标是建造总容量为13兆瓦时的静态储能器。肯定也有其他人会来效仿。但我认为，这方面也需要宏观层面的行动。我建议，所有企业之间展开全面合作，在供应链上要完全透明：包括从原材料生产到供应商和制造商，再到负责废旧电池回收再利用的所有企业。目标必须是"面向回收的设计"（Design for Recycling）。

我非常相信这一设想，因为我自己就是美因茨的初创企业"循环经济"（Circunomics）的投资者。该公司成立于2019年，致力于为电池供应链上的所有企业建立一个电池数据、电芯和回收利用的开源大数据市场，以最大限度地提高电池的转售价值，降低回收成本，并简化需求、供应和生产计划。根据循环经济公司的估算，回收、二次利用和研发数据的交易价值将达到每年87亿美元，并承诺到2025年达到10%的市场占有率。循环经济公司在行业中的人际关系良好，它获得了世界上最大的原料行业财团"EIT原材料"（EIT Raw Materials）的支持。"EIT原材料"代表欧洲创新与技术研究所，是一个欧盟机构，也是欧洲电池联盟的推动者。

我认为，电动出行领域是一片蓝海，这不仅对于投资者而言是如此，对整个德国汽车制造商而言更是如此。

• 电动出行给欧洲汽车制造商带来的机遇

电动出行的含义远不止汽车电池。对制造商和供应商来说，汽车电池的其他部件也十分有价值。电动汽车的发动机想要运转需要三个元件。

- 电动汽车的发动机输送电力，让汽车在马路上跑起来。关键词——扭矩。
- 动力电子设备，即控制器，负责分配电力并组织电气部件间的相互作用。
- 充电系统，存储所需的电力。它通常由多个单元组成，嵌入车身，通过电子设备得到控制，并通过其自身构造保持适当的温度——根据设计和天气进行加热或冷却。

博世集团、大陆集团、采埃孚股份公司以及舍弗勒集团等下游供应商已经开始使用电动驱动组件。他们的业务模式旨在为特定车辆提供精确且集成的电动发动机、变速器、动力电子设备和车轴。由于交付的每个组件都是相互协调的，因此，制造商在测试和开发方面需要投入的成本会大大减少。

电动汽车的车轴比传统燃油车的车轴占用的空间要小得多，准确地说，只有传统燃油车的30%。这使制造商能够在车辆内部和外部拥有全新的设计空间。因此，大型汽车供应商面临的问题是，留给他们施展拳脚的空间究竟还有多大？现在市场上简单的电动汽车轴怎么样？对此，一些下游供应商找到了令自己非常兴奋的答案。

大陆集团和博世集团看好轻量化，隶属于舍弗勒集团的汉诺威公司生产了一个质量仅80千克的电动推进系统，可选择120千瓦/163马力或150千瓦/204马力的配置。这是一招好棋，毕竟，负载减少，纯电动汽车的续航里程就会相应扩大。博世集团的类似车型目前质量达90千克，预计今后将使用硅碳半导体制成，性能更强大、自重更轻。

采埃孚股份公司为电动机开发了一种双速变速箱，可以在约70千米/小时的速度换挡，能够很好地适应山区的行驶条件，加速表现也更好。来自采埃孚的消息称，这将使得续航里程与单速变速箱相比增长大约5％。此外，下游供应商还解除了一个传统的限制因素：单速变速箱会限制电动机的最高转速，在持续加速上表现乏力，双速变速箱可以有效解决这个问题。

而跑车品牌追求更高的速度。插电混合动力的奔驰AMG One为1000马力，纯电动的锐马克C_Two近2000马力。德国汽车制造商戴姆勒首席执行官奥拉·卡勒纽斯（Ola Källenius）说："我们计划为该（跑车）系列推出以性能为导向的电气化，称为'EQ POWER+'。"这一计划针对插电混合动力车和AMG系列纯电动汽车。故事还远远没有结束，克罗地亚电动超级汽车制造商锐马克的创始人马特·里马克（Mate Rimac）这样的聪明人已经被视作"巴尔干的埃隆·马斯克"，吸引了投资者的注意。

其他下游供应商已经抓住了充电基础设施的有关机会，例如，奥地利导电充电系统"矩阵充电"的制造商易连（Easelink）及其合作伙伴中国国家新能源汽车技术创新中心（NEVC）。这一奥地利的充电系统旨在拓展中国市场，成为那里领先的充电系统品牌。它由两部分组成：在汽车下面安装的连接器，在地板上安装的充电板。当电动汽车停在充电板上时，"矩阵充电连接器"下降，并与充电板建立起物理连接。有了这个系统，司机甚至不必离开电动汽车就可以为其充电，不用再使用充电电缆和支付卡，只需停车、等待，就能自动付款、完成充电。这听起来是个好主意。但是在这里必须注意：此类充电系统会造成极高的电磁辐射。这就引出了下一个主题。

从电动汽车的风险和副作用来看，我们难免会遇到车内电磁辐射的问题。以色列初创公司V-Hola实验室已经开始关注这个问题。V-Hola实验室提供测量和记录电动汽车座舱内电磁场强度的辐射探测器，然后控制和调节能量流，以减少车辆的电磁辐射。

结论：数十亿欧元的市场潜力，数十亿欧元的资助计划，电池、原材料回收、循环利用、车轴、充电基础设施方面的新想法足以说明电动出行是一个巨大的赛场，还有许多领域未被发掘。企业只有在创造力、勇气、速度和相关行业的良好结合下才能在这里站稳脚跟。我们只需要做到这一点。同时，除了电动出行，还有其他方案，比如氢能汽车。

为什么我们不能忘记氢能？

　　我们可以把氢能想象成谷歌创始人谢尔盖·布林（Sergey Brin）的新飞艇"齐柏林NT"号，它配备12台发动机，有75米长。你可以说这个想法疯狂，也可以说它怀旧。这个想法展示出来的是氢能项目的一个特殊案例，还有卡车、工业设施，丰田模型城市"Woven City"也计划通过地下储氢罐供能。但是，至少在西方，大量的汽车将会加油而不是加氢。为什么呢？

● 一种强大的能源——但不适合大众

　　两种"燃料"之间的竞争早已剑拔弩张。甚至早在2018年，作为当时奥迪汽车公司的技术开发董事，我曾计划与现代公司展开合作，以更快地将燃料电池推向大规模量产。我们正在开发第六代技术，并且负责大众汽车的氢能开发。

现代公司当时计划用三年的时间来推出ix35与Nexo。奥迪那时正在主攻一款小型运动型多用途汽车。如今，凭借h-tron quattro概念车，奥迪展示了氢燃料电池技术的实力，并且该概念车展示了自动驾驶和泊车的未来前景。

当时，奥迪汽车公司确信，氢燃料电池将是未来（2030年以后）最为可持续的电动驾驶形式，因此是其技术组合中的一项强大资产。然而，与氢燃料电池相比，固态电池显然更有可能被大规模使用。这一预测在今天得到了证实。

回首过去，事实上，氢能可谓老生常谈了。早在19世纪末，人们就用风能生产氢气。通用汽车公司早在1966年就推出了氢燃料电池汽车。戴姆勒股份公司几十年来一直致力于氢燃料电池技术的开发，1990年代中期，第一辆实验性氢能汽车投入使用；2003年，第一台搭载氢燃料电池的A级车下线；在2011年，搭载了F-电池的B级车环游了一次世界，此举获得成功是因为这台测试车后面跟着一辆装满氢气的油罐车——当时根本就不存在加氢站。宝马汽车在20世纪90年代就开始研究一种独特的技术——"氢气内燃机"，但在2009年，这个项目却被束之高阁了。2022年，宝马将推出X5-Cell氢燃料电池版本，电动机最高功率为275千瓦。小规模量产已在规划中。

目前，奔驰 GLC F-Cell正在走燃料电池技术与电池技术相结合的道路：它能够充电和加氢，从而保障大约480千米的续航里程。有4种操作模式可用：

（1）同时使用两种能源。

（2）需要长距离行驶时，燃料电池在消耗氢的同时保持高压电池的充电状态。

（3）在短距离行驶时，完全由电池供电。

（4）在充电模式下，电池将按最大总续航里程所需进行充电。

在可预见的将来，氢能这一主题在西方大众的市场上并不重要，而在亚洲，情况看起来有些不同：丰田汽车公司计划生产6位数的Mirai；至2030年，现代汽车公司希望每年制造70万块氢燃料电池；中国希望在2025年内实现5万辆氢燃料电池汽车保有量。

氢燃料电池技术原则上已经成熟，并且可用于实践。然而，为什么它没有在西方得到广泛的应用？一个原因在于市场活力。氢燃料电池汽车的实际优越性在于其要远得多的续航里程、很少的充电时间，更高的能量密度（锂离子电池约200瓦时/千克，氢气约900瓦时/千克），这与快速发展的锂离子电池相比越来越过时。

此外，氢燃料电池汽车的缺点几乎无法解决：氢燃料电池本身价格昂贵且敏感；每个氢气泵的成本约为100万欧元（一个用于纯电动汽车的壁挂式充电设备约500欧元）；储氢罐仍然非常重且昂贵，因为氢原子的相对原子质量为1，是最小的原子（相比之下，铁原子的相对原子质量为56），容易迁移，会扩散到材料中使它们更容易断裂；氢的沸点是零下252摄氏度，液体氢需要大量的冷却能量。

在能源使用方面，电动汽车可以直接启动，而氢燃料电池汽车需要三个步骤：第一，要用电解法制造氢气；第二，通过压缩或冷却使氢气可运输；第三，将氢气输送到燃料电池中。只有这样，氢气才能通过燃料电池转换为电流，从而最终驱动电动机运行。显然，氢燃料电池汽车的能量效率更低。平均而言，其可用能量转换效率大约为30%，而纯电动汽车的可用能量转化效率高达80%。

那为什么我们还要在这里研究呢？因为在其他驱动装置变得更昂贵时，氢燃料电池就显得相对经济了。当有关政策迫使其他驱动装置变得更加昂贵时，或者世界市场朝着这样的方向发展时，它们就会变得更加昂贵。还有一点，为了避免缴纳罚款，卡车制造商必须在2025年之前将其在欧盟地区内售卖产品的二氧化碳排放量减少15%，到2030年减少30%，到2045年实现碳中和。为了做到这一点，到2030年，预计在欧洲公路上将有10万辆氢燃料电池卡车，并建造1500个加氢站——目前已有62家汽车、能源和物流领域的公司参与其中。为什么是氢燃料电池？因为卡车需要配备的传统电池太沉、体积太大，特别是价格太高。

不过，现在有了新的方案，例如，在半挂车中配备多个电动中心驱动装置，可使长途行驶中的电力消耗减少20%。为此，2020年，弗劳恩霍夫结构耐久性和系统可靠性研究所（LBF）加入了由德国联邦经济事务和能源部赞助的一个复合研究项目。早在2018年，博世集团就提出了一种在制动时能回收能量的卡车车轴。而且，亚琛的卡车制造商Trailer Dynamics凭借其长途卡车电气化方案赢得了AT2/MT2和罗兰见格颁发的2021年汽车可持续发展奖。

现在，我们来问一个问题：氢能驱动对环境有益吗？简单讲，目前还没有，需要等到有足够的再生能源才可以。这是怎么回事？

● 三色氢能

利用风能、水能、太阳能等可再生能源生产氢气时有助于脱碳。与这种"绿色氢能"不同，"灰色氢能"是由来自天然气的能量制造出来的，而"蓝色氢能"则是通过化石燃料制造出来的，产生的二氧化碳随后被分离和储存起来，以免进入大气层。批评者主要针对的是灰色氢能和蓝色氢能，因为其产生仍然要靠燃烧化石能源。

所以重点在于绿色氢能。制造绿色氢能需要一种叫作电解的方法：用电能将水分子分解成其基本组成部分：氢和氧。该方法的缺点是能源消耗极高，不仅对气候有害，而且由于电价高，对于能源公司来讲利润也很低。现在，我们使用风力发电来电解水，并且电解槽的工作效率越来越高，对能源公司来说，这种生产是值得的，而这一过程本身并不会将温室气体排到空气里。这是一个双赢的局面，但其中仍有一个问题仍然悬而未决：风从哪里来？

答案是，我们并非把风力发电引入电解槽，而是把电解槽放在风中。例如，在丹麦，一个由多家公司组成的财团计划实施一个叫作Gigastack的项目，该项目将为近海风电场Hornsea2号配备100兆瓦的电解装置。其中10个至15个单元就相当于一个核电站的功率。

　　目前，德国保时捷公司和西门子能源公司遵循类似的指导思想，与其他几家国际公司合作开发Haru-Oni项目，计划在风力资源极为丰富的智利南部兴建一个大型的合成燃料制造厂。首先，电解槽将水分解为氧气和氢气。然后，这些氢气被引入从空气中提取的二氧化碳气体混合物中，并用金属氧化物催化剂转化为甲醇。这种甲醇是生产合成柴油、合成汽油或合成煤油的基础。不管怎样，Haru-Oni项目预计从2022年起每年生产13万升的合成甲醇，再加工大量的合成汽油。据说其主要客户是保时捷公司。该项目得到德国外交部和能源部800万欧元的支持，保时捷的初期投资为2000万欧元。

　　许多人不知道的是，甲醇已经是当今世界上交易量仅次于石油的液体。它带来的好处是，现有的仓库、油罐卡车和加油站可以用来运输和存储甲醇。这对德国的经济来说似乎很关键，但实则不然。因为这种甲醇的数量太少又太贵，不适合大众市场。如果没有足够的绿色电力，也不会实现气候友好。

　　很多人不知道的是，奥迪汽车公司多年来一直与各种项目伙伴一起研究合成燃料。位于德国北部维尔特的奥迪天然气厂自2013年以来生产氢和合成甲烷，可以在天然气网中储存和运输。今天，所有基于电力的合成燃料都是这样生产出来的。我的意思是，尽管目前还没有足够的可再生能源来大规模生产合成燃料，但从长远来看，有一项技术可以帮助我们获得碳中和能源。在中短期内，我认为氢燃料电池汽车不会取代电动汽车。

● 氢能汽车的两种变体

有一点还并非为人所共知，那就是氢能汽车的驱动装置不一定是燃料电池，它也可以是经典内燃机。这是什么意思？

氢燃料电池汽车的工作原理较为简单。氢气在燃料电池中与氧气发生反应，当这两个元素生成水时，电子会发生流动，从而产生电能，进而驱动电动发动机。有些人可能还记得化验室里震耳欲聋的爆震实验，氧气和氢气混合物在汽车中的燃烧和爆炸风险也不可忽视。除了燃料电池，我们仍在继续尝试直接在发动机中燃烧氢气。

自宝马汽车于2009年将204马力强劲的12缸750hL小型车"打入冷宫"以来，氢气内燃机几乎不再是公众讨论的焦点——尽管人们最初对其充满希望。但是，氢气内燃机技术又回来了：今天，我们对大型、重型商用车利用该技术进行了讨论、开发和生产。然而，专业媒体对此频繁唱衰。但发展的脚步肯定不会停歇。

例如，奥地利发动机开发公司AVL计划在天然气发动机的基础上制造12.8升的氢气直喷发动机。该公司的目标是让467马力的汽车上路行驶。另一台氢气内燃机位于慕尼黑初创企业"科尤"（Keyou）的开发车间内。这台机器基于道依茨的7.8升发动机。科尤对城市公交车使用的氢气组件进行了优化。虽然慕尼黑的这款氢气内燃机还远远没有达到量产的程度，也不具备赢利能力，但在性能方面不可小觑。据该企业发言人于尔根·纳德勒（Jürgen Nadler）称，改造后的道依茨发动机是"世界上效率最高的氢气内燃机"。

清洁的货物运输和清洁的公共交通都是关键玩家们关注的领域。比如，丰田汽车和日野汽车一起制造续航里程达到600千米的氢燃料电池卡车。戴姆勒和沃尔沃成立了自己的公司——戴姆勒卡车燃料电池公司，从2025年左右开始陆续制造氢能驱动的卡车。我为什么要向你详细地说明这些情况？那是为了证明德国的汽车制造商可不是只会制造运动型多用途汽车。我们的发动机市场非常大，技术发展比大家普遍认为的还要多样化。就像我所说的，我们只需要睁开眼睛就能看到机会。然后，我们必须要脚踏实地地行动。

● "国家队"的计划

多年以来，汽车行业的发展得到了各国政府的支持。鉴于电池的重要性，德国和欧盟也在推行大规模的氢能战略以及同样大规模的资金扶持计划。具体来说：

欧盟委员会的氢能战略规定，到2024年生产100万吨绿色氢能，到2030年生产1000万吨绿色氢能。生产能力预计将从6吉瓦时增加到40吉瓦时，相当于40座核电站的功率。也就是说，欧洲氢能市场将在10年之内诞生；到2050年，相关投资总额将达到4880亿欧元。

根据汉堡世界经济研究所（HWWI）最近的一项研究，迄今为止还没有电解槽的大规模生产。为此，该机构预测，仅德国电解槽和燃料电池制造商就可能在2030年创造100亿欧元，至2050年达到320亿欧元的增加值。预计到2050年，整个绿色氢能价值链中每年的总增加值将高达300亿欧元，并创造20000至80000个就业机会。

德国联邦政府于2020年6月制定了《国家氢能战略》，

发放了100亿欧元的扶持资金，旨在使氢能成为德国工业生产、运输和出口的重要能源载体。到目前为止，德国有230多个科学界和工商界的合作伙伴申请了扶持项目。内容涉及电解槽（H2Giga项目）、运输解决方案（TransHyDE）以及将近海风力发电设施集中起来生产氢能（H2Mare）。

很明显，欧洲必须通过全球伙伴关系在全球范围内解决来自可持续来源的电力或燃料的生产和供应问题。当然，在北非和中东可以利用太阳能和电能生产氢能。但是，出于政治原因和气候变化原因，我认为这不是一个好主意。以安达卢西亚为例，更好地利用那里的大片土地似乎更为明智。但我在欧洲看到了很大的潜力。如果我们也能直接解决问题，为什么还要去北非呢？我的意思是，我们必须在欧洲推广再生能源，特别是在阳光充足的南部。

如果我们能够在短期内为其建立起可观的产能，合成燃料就有意义。氢能和燃料电池是重型车辆的王道。在天然气制氢上，未来液态金属热裂解技术可能会成为一种有效的解决方案。但我们不知道到底会发生什么变化，以及变化会来得有多快。

我们必须密切关注这一问题，这不仅是市场成功的问题，更是影响全球气候的具体问题。自1880年以来，地球已经变暖了1.2摄氏度。温度可不能再高了。而现在谁要是认为这些问题可以由欧盟解决，这个人就没明白，人不能反对在这个宇宙中运作了138亿年的自然法则。物理学是不容讨价还价的，但二氧化碳的价格可以。

二氧化碳价格一锤定音

　　德国做到了。令人惊讶的是，德国在2020年就实现了气候目标。温室气体排放比2019年减少了7000万吨。虽然排放量仍然为7.39亿吨，但比1990年减少了40.8％。德国已经达到了40％的等级目标。那么，德国现在是"气候优等生"了吗？

　　还不算是吧。这一成绩的1/3出身因为新冠肺炎疫情而导致的封锁和停工。同时这也要归功于一个新的气候调节因素，我们由于这一因素而减少了煤电的使用：二氧化碳价格。这有什么意义？为了让这个政治策略的意义更加直白一点，我想简单地说几句。

● 二氧化碳价格

　　2050年对我们来说看起来那么遥远。但现在50岁左右的人到那时会是80岁，很可能还健在。我的孩子们现在是25岁左右，他们到那时会是55岁左右，也就是人生最好的几年，而他们——我现在有意地过分强调了这一点——不会在不来梅附近发现德国海岸线，也不会想在南方度过气温达到50摄氏度的假期。

2015年，在法国举行的联合国气候变化会议上，196个缔约方商定将全球变暖限制在2摄氏度以内。要做到这一点，需要大刀阔斧的行动：能源、工业、建筑、交通和农业等所有部门都必须在2050年之前实现碳中和。而德国何时必须采取哪些步骤，在我们的《气候保护法》中早已有规定。

如果德国不能实现其目标会怎么样呢？根据欧盟气候变化条例，德国必须从其他成员国购买额外的碳排放权。这有很大风险，因为现在还不清楚市场上会有多少这样的排放权可供售卖，以及这些排放权售价几何。为了刺激消费者和行业都走向低碳经济，自2021年1月1日起，德国开始实行二氧化碳定价机制，售卖化石燃料的企业必须以证书的形式购买碳排放权。目前，这种证书的价格为25欧元/吨，到2025年，价格将上升到55欧元/吨。从我的角度来看，这也太廉价了！

我的意思是，二氧化碳的价格要明显更高才有效果。为什么不设置成100欧元/吨，甚至130欧元/吨？这也许会伤害到能源密集型产业，但最终情况会有所转机。钢铁厂不需要依赖化石能源，因为还有其他方案，例如氢能，而且这些方案是必要的。这会催生一个新兴产业和大量就业机会，我们必须在这一点上具备全球竞争力。虽然顽固守旧短期内会延缓改革成本的发生，但也会延误改革本身。而从长远来看，这会把我们的能源密集型产业推向下坡路。是时候调转航向了。我的意思是，二氧化碳的价格是一个有效的杠杆。

而企业完全有可能将这一溢价转嫁给最终用户，希望最终用户能够产生较少的温室气体。原则上，正确的办法是：提高燃料价格让消费者转向自行车、电动汽车和公共交通，或者更简单的，直接管理交通流量和停车场。但应该为低收入者制订相应的补偿方案。这是政治家的责任。

为什么采用二氧化碳价格而不是设定限制值？因为严格的排放限制值只适用于新批准的车辆，其本身并不使已有的排放减少或迫使人们更环保地出行。相反，如果一辆排放值很高但特别省油的汽车上路行驶，可能会促使人们频繁开车或开更大、更沉的车。这一点从照明问题上就可以看出来：灯泡变得节能后，人们日夜不停使用，能耗根本没少多少。

● 二氧化碳定价的副作用

给二氧化碳定价的行为在经济中除了带来预期影响，还表现出了相当奇怪的"副作用"。例如，特斯拉汽车公司获得的第一年利润（5.98亿欧元）并不是通过成功销售电动汽车来实现的，而是通过向竞争对手销售总额达13.3亿欧元的废气排放证书。对这些证书的需求是基于每个制造商必须在其排放平衡表中达到一定的限值，否则它们将需要支付罚款。

目前（2021年3月），尚不清楚究竟汽车制造商具体支付了多少罚款。很明显的是，罚款量级可达数十亿欧元。因此，现在纯电动汽车和混合动力汽车的比例必须显著增加。在此背景下，我在本章开头介绍的大众汽车集团急切发展电池业务也是可以理解的。这才是正事。这不仅关系到全球气候的负荷极限和未来，也关系到大众汽车集团等大型汽车企业的负荷极限和未来。一切都危在旦夕。这就是为什么气候友好型汽车不是多疯狂的东西，而是必然。对德国的汽车制造商来说，二氧化碳定价不仅带来了限制，还给那些有识之士提供了很多机遇。

结论：让电动出行更具可持续性

　　气候辩论已经为广大公众所熟知。焦点范围扩大了，但原因不仅仅在于为了回应公众的批评。如今，这不再仅仅是一个纯电动汽车是否产生废气的问题，还涉及汽车发动机上下游的褐煤和石煤发电厂到底排放了多少污染物。这种端到端的观察与思考越来越成为一种标准。制造商和供应商都围绕着气候友好型汽车这个主题探索了很多途径：从光伏发电到新的车辆概念，再到移动App。

　　电动发动机目前已经领先于所有其他替代驱动装置，至少在汽车交通中是如此。虽然在成本、续航里程、充电时间和公共充电基础设施密度等方面仍然面临挑战，但制造商和政策方面都做出了巨大的努力，希望来弥补这一差距。几乎所有的制造商都在对新的电动汽车展开竞争。在电池开发方面，欧盟和德国联邦政府正在提供巨额资金。供应商围绕车轴、电动发动机和充电基础架构的创新令人感到惊讶。电动出行现在刚刚开始进入伟大的发展期，还远远没有结束。

在可预见的未来，氢能将不会作为驱动能源发挥主要作用。但是，欧盟和德国联邦政策层面上，围绕氢燃料电池技术出台了数十亿欧元的扶持计划。这为卡车运输创造了机遇——直接在能源生产领域的机遇，以及与将经典商用车发动机定制转换为氢内燃机车相关的利基理念。

政策规定的二氧化碳价格最终以改变企业和驾驶员的行为为目标。这与私人家庭电动交通补贴和高达数十亿欧元规模的汽车扶持项目相结合，对于不排放二氧化碳的企业，按照吨数给予奖励。在这一点上，像特斯拉这样的新成立企业在排放交易中赚取了数十亿欧元，他们会发现惊人的成功机遇。简而言之，对于汽车制造商来说，棘手的气候问题不再是撞沉泰坦尼克号的冰山。现在，这一主题被视为一项挑战，在"汽车帝国"的全球竞争中，它被视作促成进一步创新的动力——包括供应商和非常有创意的初创企业也是这么认为的。我满怀信心地看到经济界、科学界、政治界等相关领域之间的合作日益加强。这才是正确的道路。

第二章

汽车工业的价值创造中心变了

CHAPTER 2

绝地反击
汽车业数字化、新能源化的追赶与超越

16世纪，哥白尼使我们认识到，地球不是太阳系的中心，它只是宇宙中无数个天体中的一个。19世纪，达尔文让我们明白，人类不是造物主所偏爱的宠儿，而只是地球生态系统中的无数种生物之一。现在，我们明白，汽车不是一项独特的技术成就，它只是智能设备全球网络中无数终端中的一个。

每一次哥白尼式的大发现所带来的转折都引发了新的系统依赖性，从而破坏了我们沾沾自喜的固有印象：自己处于领先地位。所以，在每一次范式转变过程中，每一个层面都会发生激烈的斗争：以前是在宗教、政治和社会层面，现在是在经济、政治和社会层面。斗争为什么这么激烈？仅仅"转换思维"是不行的。每一次范式转变，全球力量关系都在发生变化，而且还很激烈。

这正是目前汽车行业的情况，而全球价值链的彻底转变也证明了这一点。过去，内燃机一直处于价值创造的中心——业界称为"血管中流淌着汽油"。伴随着价

值创造的网络化和汽车电气化，现在进入价值创造中
心的是软件和微电子。数据就是新的汽油。一切都会
改变。

本章概要：

- 了解一下为什么今天的数据取代了发动机成了商业
  模型的核心。
- 我们的供应链金字塔是如何形成的，我们需要如何改
  变它们。
- "软件第一"和"微电子第一"原则如何改变了开发
  和生产流程。

新型商业模式：数据就是新的汽油

如今，能够连接到互联网的车辆大约占据了所有新上牌车辆的1/3。再过几年，所有的新车都会联网。显而易见，围绕着车联网诞生了一个全新的市场。

这个市场现在的市值已经达到大约1000亿欧元。麦肯锡专家预计，今后10年，这一数额将增至7500亿美元。今天，我们似乎仍然难以想象这一数字，但从其他行业来看，数字服务可以带来可观的收入。尤其是我们每天在其中逗留很长时间的虚拟世界。方舟（ARK）投资有限责任公司的一项研究表明，虚拟世界在未来将带来数十亿美元的收入。如果未来虚拟世界相互融合，它可能会成为未来学家口中的"元宇宙"。在数字会议期间，无论我们身处公司总部、家庭办公室，还是在高速公路上，在元宇宙中都是相同的。

数字服务不仅为汽车带来了更高的性能、舒适度和安全性，还为无数新的商业模式奠定了基础，其中的许多模式现在已经成为现实。

● 更好的交通导向。购买停车票的露天停车场导航，通过实时交通数据节省时间，导航至空闲的充电桩并结算充电费，综合运输和多式联运。

● 更高的安全性。通过实时跟踪实现防盗保护，基于使用情况的保险，预测性维护，紧急呼叫，检查道路状况，监督驾驶员健康，优化驾驶行为，提醒个人重要事件（例如，"你把智能手机忘在车里了"）。

● 区域营销。对厂家或配件进行有针对性的宣传，沿行车路线发布促销广告，授权品牌社区会员资格。沃尔沃的子公司领克公司的汽车订阅者可以免费进入在阿姆斯特丹和哥德堡的俱乐部，至少就新冠肺炎疫情的低谷期而言，这可能是一个正确的方向。

● 无缝连接工作和娱乐。无论是在办公室还是在起居室，用户都可以在车上找到与通信、信息和娱乐有关的硬件和软件。我们再来看一看领克公司，2021款领克01提供用于拍摄旅行视频和照片的内置摄像头、前置摄像头，以及一个车内摄像头用于自拍。因此，用户可以连续地在社交媒体上发布新鲜的图稿，这显然成了一项重要的功能。

此外，汽车制造商通过提供个性化服务创造了额外的赢利机会。所谓的数字孪生有助于通过模拟以更快、更经济的方式取得更好的结果。这适用于使用完整车辆虚拟图像生产汽车，也适用于在汽车中放置双份软件的情况：一个软件用于工作，另一个则负责驾驶和学习。如果它自己变得比它的孪生更智能，那么二者就对调角色。

此外，通过对车辆和驾驶员进行持续监测，可以事先避免发生较大的损失，从而降低成本。更重要的是，如果车辆是根据数据开发的，则可以节省保修成本和材料成本。也就是说，从行动和经验中创造价值，而不再是从发动机及其马力之中。

这就是苹果公司如此热衷于为自己的汽车项目寻找合作伙伴的原因。但不是每个人都愿意让这个科技巨头霸占客户接口，把自己的品牌降级为苹果供应商。很明显，谁能直接接触到客户，谁就能获利。

全球交付关系的形成和变化

让我们回到1913年。亨利·福特（Henry Ford）发明了流水线生产，从而引发了汽车工业的第一次革命。汽车的个体制造时代已经结束，标准化的汽车生产使汽车成为相对便宜的大众产品。有趣的是，福特汽车公司这样的汽车制造商早年曾认为，完全垂直整合是一种理想的方案，对数量和质量进行更好控制的方式，是在自己公司内部制造和储存所有的部件。虽然这个方案令人满意，但随着时间的推移，这种"生产效率低下"的现象正在蔓延。因为自己完成所有工作意味着高昂的人力成本，而自己负责所有部件的仓储则意味着较高的空间成本和资金占用。

这是20世纪中叶推动汽车工业第二次革命的动力。在资源稀缺的压力下，日本经济工程师大野耐一和丰田章男开发出了丰田公司的"精益生产"系统，提出了全新的思路，重点不是继续把所有部件的生产控制在自己手里，而是尽可能将所有人员和库存成本外包给固定的业务合作伙伴。这种范式转变产生了复杂的汽车行业供应商分层体系，这些供应商处于不同的价值创造阶段，今天被称为"层级"（层次/级别）。这一体系在德国已经稳稳地站住脚跟。供应商作为价值创造者和雇主至少与制造商本身一样发挥着同样大的作用。供应商金字塔从底部到顶部如下所示：

- 二级供应商：提供单个部件（如螺钉）或具有较高附加值的整个部件（如控制设备）。
- 一级供应商：提供较大的模块（如变速箱）或具有较高价值的整个系统（如车轴系统）。
- 0.5级供应商：能够开发和生产整车的总包企业（如麦格纳斯太尔汽车公司）。

模块交付方负责整合，二级供应商对一级供应商负责。简单来说，制造商和供应商之间的协调如此进行：第一步，汽车制造商与供应链行业和自己领域的战略合作伙伴合作开发新技术，包括驱动、电气、设计等。当这些活动在初步开发过程中足够稳定后，就会开启采购。采购部门拥有复杂的物流体系，在供应链中进行采购，以满足模块的所有需求。

第二步，把所有的部件汇聚在一起。跨职能部门的项目管理可确保所有内容最终汇聚到一起：技术与设计、消费与安全、成本与效益。只有所有职能部门从一开始就参与进来，才能实现这一目标。最后，重要的不是平庸或平均，而是平衡和个性。

市场部和销售部以及诸如4S店和4S集团等外部经销商负责销售和交付已经制造完成的车型。汽车销售出去之后，还有其他层次的价值创造，如售后服务部负责维修和备件业务，这是一个规模较小但利润极高的部门。金融业务也是一样。金融业务也带来了高利润、高回报，外部合作伙伴或自有公司也会参与其中。以上都是众所周知的事实，不足为奇，有趣的是工厂部门。

福特公司在20世纪第一个10年没有设立信息技术部门，丰田公司在20世纪50年代也没有设立信息技术部门。20世纪70年代，第一批工业机器人才出现在汽车行业。20世纪80年代，计算机集成制造（CIM）还是一项艰巨的任务，人们逐渐建立起数据处理和信息技术部门。到了20世纪90年代，一个"新物种"在汽车制造业迅速成长——"程序员"。他们最初被划归到生产环节，后来又被反复重新布置。多年来，程序员并没有超越作为"汽车生产中的支持"或SAP（企业管理解决方案）管理单元的角色。直到今天，我们才看到这种笨拙的思维方式有多么过时——无论是在汽车软件方面还是在工业4.0生产方面。

让我们回到福特（流水线）和丰田（精益生产）推动的汽车制造革命。虽然他们都采用了不同的策略，但他们都追求相同的目标：想制造数量更多、质量更好、成本更低的汽车。两种体系的不同之处在于，福特在自己公司内维持着完整的价值创造链条，而丰田的供应商金字塔要在各个层级之间划分价值创造。

德国汽车工业协会认为，如今，最终汽车产品的大部分附加值（约75%）都在前段和中间阶段实现。主要汽车制造商只将对客户产生影响的事务保留在自己的品牌网络之下，如设计、发动机、动力总成、装配。最后，再由原始设备制造商主要负责组装和集成到最终产品中。

这一体系自20世纪80年代以来在德国逐步成形。随着时间的推移，越来越多的外部合作伙伴参与进来，并达成了越来越多的合作协议，甚至包括原始设备制造商——他们以自己的品牌销售汽车。

但直到21世纪的第一个10年，德国才变得"精益"起来。他们的设想是，汽车制造商几乎不再在自己的工厂里开发和生产汽车，而只是负责创新和网络协调。早就将这种想法付诸实施的车型——"smart"就是众所周知的案例。此款车型的制造深度仅为10%。也就是说，制造一台smart，90%的步骤由分包商完成，这些分包商在汉巴赫的汽车工厂Smart Ville周围拥有自己的生产设施。"模块化采购"是指让一级供应商完成整个模块的交付，虽然smart始终如一地践行了这一原则，但是，smart从来都不算成功，因为它还是价格太高，而且太过"呆板"。这就是它被转入吉利合资企业①的原因。现在，smart在中国完成开发和生产——当然是纯电动汽车型。

如今，模块化生产已广泛应用于很多行业，而不仅仅是汽车行业，它带来了两个优越性。第一，灵活性：在这个时代，汽车制造商几乎会为每一位客户打造个性化的梦想汽车，将整个组件外包给供应商可实现更大的灵活性。例如，只有少数终端客户知道，如今每辆汽车上都装配了单独的线束——通常在北非完成。第二，速度：制造商在缩短产品生命周期方面面临的竞争越来越激烈，只有在外部供应商的大

---

① 2020年1月8日，浙江吉利控股集团和梅赛德斯-奔驰股份公司组建smart品牌全球合资公司——智马达汽车有限公司（smart Automobile Co., Ltd.）。

力参与下，才能以合理的成本赢得这一比赛。

● 交付网络崩溃的地方

价值链的优势乍看之下令人信服，但其劣势同样不容忽视：缺乏可持续性、有供应瓶颈、芯片等跨行业竞争激烈、欧洲汽车制造商对亚洲和美国高度依赖。我们来更仔细地研究一下这些要点。

物流方面缺乏可持续性。汽车行业在许多层面上都是全球化的。例如，许多原材料往往通过卡车被运输到世界各地，或者用巨大的货运轮船运输。产品生命周期结束后，这些材料又被运到其他国家/地区进行回收利用，或转移到几乎没有排放法规和安全要求的地方。完成装配的车辆通过货船到达目的地。这种大小的船只一次可运载约3500辆汽车。仅大众汽车一家，其新车年产量就达到280万辆，每天都有几百艘货船驶向全球。问题是，全球航运消耗大量重油，约占全球温室气体排放量的2%。虽然这听起来并不多，但如果看一下每艘船的排放量，就会发现问题很严重。

供应短缺导致供应链断裂。汽车制造商的生产越来越依赖于各种供应商的高质量及时供货，哪怕只有一个环节断裂，整个生产进程都有可能停滞不前。而这种问题我们在新冠肺炎疫情的危机中已经痛苦地经历过了。当边境关闭和城市封锁时，世界各地的汽车生产都停止了。当时的供应链被安永会计师事务所的汽车专家称为"整个行业的致命弱点"。

事实上，老实说，复杂供应链的脆弱性是众所周知的问题。2011年日本福岛核电站发生事故之后，汽车工业不得不面对供应链的断裂。在不到一年的时间里，仓库或生产车间被烧毁，突然树立起海关壁垒或实施制裁，供应商罢工或因合同纠纷申请破产——所有这一切都在不断发生，无论如何，我们总要为这些损失付出惨重的代价。然而，我们却依旧长期坚持多个供应链。

供应商的跨行业竞争。目前最大的供应问题是半导体芯片供应不足。芯片短缺对全球汽车制造商造成了严重的影响。为什么会发生芯片短缺？对此众说纷纭。

第一个原因：自从汽车不再是模拟机器后，汽车制造商使用与信息、通信和娱乐技术制造商一样的组件。因此，供应商之间的竞争贯穿所有行业，这在此前的价值创造金字塔中从未发生过。随后，当越来越多的人在新冠肺炎疫情期间用笔记本电脑、相机、打印机构建起家庭办公室，购买越来越多的电子产品来布置客厅时，芯片制造商难以跟上生产的步伐。

第二个原因：国际贸易摩擦。国际贸易摩擦不断，世界各地的企业纷纷采取囤积对策，导致全球芯片的及时交货系统崩溃。

第三个原因：生态。许多半导体等关键部件来自中国台湾地区。而半导体的生产需要大量的水，2021年台湾地区遭受旱灾，导致储备几近耗尽，跟不上需求。

我的意思是，围绕半导体的物流业在眼下的危机之前就早已过时了：将芯片从新加坡或中国香港地区运到荷兰的鹿特丹，然后转运往东欧地区装入系统，再继续运送到汽车厂。全球依赖性的高风险在卡车由于新冠肺炎疫情封锁而不得不在封闭边界等待60小时时就显现出来了。比如，博世集团在德累斯顿进行投资就是一个正确的决定。其他公司如英伟达、英特尔、高通、三星和华为等也没有懈怠。但德国大部分企业与上述企业的差距堪比光年，我们需要奋起直追。

欧洲站在那里，双手空空如也。专家估计，欧洲每年至少需要在本国半导体生产设施上投资500亿欧元，才能够自给自足。美国早已发布了500亿美元的扶持计划。英特尔首席执行官帕特·基尔辛格（Pat Gelsinger）计划在亚利桑那州

建造两座价值200亿美元的工厂，将美国芯片工厂所占比例
从12%提高到30%。

在德国，博世集团于2021年在德累斯顿投资大约10亿欧
元开设了自己的半导体工厂。与英特尔相比，大约10亿欧元
的投资听上去虽然不多，但博世也计划在质量上向前跃进，
在高纯度硅结构中加入碳原子，以提高电导率，使电动汽车
的续航里程更长。博世集团的新大楼得到了德国联邦经济和
能源部的资助。德国最大的芯片制造商英飞凌科技公司目前
正在奥地利的菲拉赫建造一座工厂，投资1.6亿欧元。该公司
称基本没有补贴。

说实话，在半导体和芯片方面，德国汽车制造商的格局
不够大。同样，智能手机、太阳能电池、动力电池甚至汽车
软件也遭遇了同样的问题。德国常常是行业先驱，然而突然
开始自我怀疑，过早地退出成长型市场，直到错过时机之后
才反应过来。为什么呢？他们为什么不多拿些钱赶上半导体
和芯片行业呢？

第一个可能的答案是：这不值得。虽然过去10年来，欧
洲成功地提高了自己的质量水平，可以与亚洲和美国竞争对
手平起平坐。但还没有那么有效率，也就是说，成本太高昂
了。在欧洲领先的企业，收购者们已经排起了长龙。比如，

如果国家安全方面允许，中国台湾地区的芯片制造商环球晶圆股份有限公司打算收购德国巴伐利亚的前端产品生产商世创。英国芯片设计公司安谋国际（ARM）也聚集着一系列潜在收购方：加利福尼亚州图形处理器开发商英伟达希望以400亿美元收购安谋国际，但相关的竞争监管机构仍在讨论中。因为安谋国际是英国最重要的科技公司，不列颠岛上的人当然会不高兴——但结构性问题更为根本。罗兰贝格企业咨询部总经理兼汽车专家马库斯·贝瑞特（Marcus Berret）指出："这是一个进退两难的处境，从宏观角度上看起来合理的东西，从个别公司的角度来看不一定有意义。"

直截了当地说吧，欧洲企业想的是赚钱，而不是拯救欧洲。因此，迄今为止，建设欧洲大型电池生产联盟的计划也搁浅了。现在，当电池、硬件和软件这些原本不属于汽车行业的部件在汽车行业中的份额越来越大时，欧洲对美国和亚洲供应商的依赖也会越来越大，也就是说，对那些"主营业务不属于汽车行业"的公司越来越依赖。

第二个答案是：欧洲在全球芯片生产中所占的份额在10%左右徘徊，这事实上是政策导致的结果。比如，中国从国家层面上给予芯片产业大力扶持。而欧洲国家关于"市场能够自发调节一切"的格言，根本就是错误的。2020年12

月，13个欧盟成员国联合起来，共同努力将钣金联盟发展成芯片工业集团。这些国家可以成立工业联盟，并投入大量的国家扶持资金。芯片对于欧洲的战略意义终于得到了认可，这是一个好消息。而资金和时机是否足够欧洲在这场比赛中迎头赶上却十分值得怀疑——但也并非不可能。

● 欧洲需要强大的地区产业

2020年4月，因为新冠肺炎疫情危机，第一批供应链断裂，汽车专家们激烈讨论全球工业何去何从，"去全球化""区域化"这样的关键词层出不穷。例如，麦肯锡预计，经济将进一步实现区域化和数字化。

"我们预计，许多公司将审视其全球供应链，并构建更为本地化的结构"，麦肯锡生产和供应链专家克努特·阿利克（Knut Alicke）预测说。

普华永道思略特管理咨询公司的《2020年数字化汽车报告》得出了一个稍有不同的结果：2005年至2020年，德国对欧洲供应商的金属和非金属方面的相对采购量下降了约30%；在电气/电子领域，这一比例下降了20%。同期，中国所占的份额稳步上升。结论是，"尽管发生了新冠肺炎疫情危机，但全球采购仍然是当下的前提。"但与此同时，一半的企业都在考虑将来在公司内部生产产品。激励因素包括知识产权保护、就业保障和全球贸易中的高关税壁垒。思略特对未来汽车行业的预测是："很长一段时间以来，内部采购又被重新提上了日程。"贝塔斯曼基金会高级顾问蒂斯·彼得森博士（Dr. Thieß Petersen）称，工业的全球供应链身处"效率和复原力之间的应力场"之中。据他所言，"只有在效率不下降的情况下，供应链才会缩短。"长远来看，这种矛盾有望通过使用三维（3D）打印技术来解决。当塑料、金属及其他原料可按需熔合成零件或完整部件时，三维印刷技术就成了"内部采购的催化剂"。如今我们知道，这不仅会大大减少材料浪费，还会大大降低物流成本。最终，装载了部件的卡车不再需要在各国和各大洲之间穿梭，仅通过数据线路就能实施推进计划。但是，完全放弃全球供应链也不可能，如果你要将原始材料涂在三维打印机上，首先要获取这些材料，而大多数塑料、金属等原料仍然不是源自德国。

所以这很复杂。尽管如此，欧洲制造商试图将重要的供应链带回欧洲。可是，但凡原材料还需要从世界各地采购，就无法做到去全球化。而且，只要宝马汽车或者大众汽车本身在美国和亚洲拥有庞大的生产设施，那么人们就可能会问，这些公司怎么可能仍然是欧洲的呢？它们甚至早已是按照自己的规则玩游戏的全球玩家。

● 市场霸主斗争中的新格局

一个大制造商与另一个大制造商开展合作，大制造商吞并小制造商的情节几乎天天上演，又或者智能手机制造商（如小米公司）、移动服务提供商（如滴滴）突然开始制造汽车。汽车行业已经高速发展成一个巨大的"Tinder"（没错，就是一个交友平台），以至于谁和谁合作的问题几乎立刻就能给出答案。让我们从某些角度来研究一下合作市场是怎么回事。一般来说，建立的"发展性伙伴关系"通常具有三种模式——实际上可以分为四种模式：

（1）从信息技术和电信行业购买，以解决燃眉之急。

（2）通过广泛的合作建立"发展性伙伴关系"，但不清楚是否只是将工作交给"新的一级合作伙伴"（合作伙伴这一次来自信息技术行业）。

（3）"我们自己完成所有的工作"，也就是说，不去建立伙伴关系。这种情况下，制造商需要开发知识产权。而且因为挑战很大，所以很多制造商会陷入困境。一种解决方法是，把自己的业务单元改造成"好调头的小船"。

（4）制造商收购人员和公司，然后一切又回到了公司内部。

此外，一些发展性伙伴关系被认为是一种相当单方面的关系，存在着降级退化成钣金供应商的风险。在与慧摩建立伙伴关系时，戴姆勒卡车部门主管马丁·道姆（Martin Daum）承认了这一点。因为，当初宣布的自动驾驶卡车开发合作，最终在2020年10月27日的"汽车周"上被证明是美国车型Freightliner Cascadia的供货合同。"最后，我们把汽车底盘卖给了慧摩，"道姆告诉业界的媒体，"却无法访问慧摩的技术及其检测到的数据。"

到底是怎么回事？事实是，通过价值创造网络，我们看到了全新的合作机会层出不穷，因为新的市场份额争夺战不再关乎于汽车本身，而是对用户虚拟可选家园——用户界面、用户信息、用户账户的争夺。

"微电子与软件第一"颠覆了汽车行业

今后，汽车不再仅是一个围绕发动机设计的钣金罩，而是作为围绕用户构建的智能生态系统的一部分。正如我所说，我们正面临着范式的转变。不管它听起来多么简单，多么合乎逻辑——这种范式转变不仅粉碎了德国汽车制造商的思维路径，还粉碎了它们的发展方式，经过几十年发展被人们所熟知的汽车生产方式已与时代不再匹配。这是因为，信息技术不会是某个地方的"支持要素"，也不会是一些采购部门可以随便从某个地方廉价买走的后端组件，而在一开始就要把它统筹进来。

如果我们不在一开始就进行软件开发，许多内部接口和控制设备就会在汽车制造商的控制下变得越来越泛滥，许多组织单位并行，导致需要进行二次和三次开发，并且需要长时间同步结果。在供应链中，许多供应商都提供了多种多样的结果，其中许多供应商甚至看不到具体的代码，只看到了人工制品。我们多年来一直认为这样的结果很正常：一辆汽车上面装满了控制装置和电缆，在理想情况下采用了完美的集成技术。但老实点说，这太复杂了。并且，相关数据和软件并非由汽车制造商掌握。每一项创新都会遇到这样的整合问题，也就是说，这项创新在完成之日就已经过时了，或者用户已经可以从谷歌商店里从其他供应商那里获得了。

事实是，如今软件并没有带来支持性或下游的价值创造，软件是新价值链的起点。这就是为什么软件引领着每个汽车制造商的发展。特斯拉除外。因为特斯拉几乎总是站在头部，总是从软件中思考，从软件中构建。因此，我们现在到处都会看到"软件优先"。

但这只是硬币的一面。我们总是着眼于软件，但如果没有芯片，软件和车辆开发就无从下手。高性能计算机需要硬件。微电子技术是当今汽车中每一种应用的基础，在这里我想到的不仅仅是座椅加热器。这涉及自动驾驶和驱动技术，涉及汽车工业的核心能力。在这里，我们需要欧洲的供应商向英伟达等竞争对手看齐，努力发展芯片产业——最好超过这些对手。

● 数据是新的石油——汽车是新的煤油灯

我们必须这样看：如果数据是新的石油，那么汽车就是新的煤油灯。你听说过所谓的洛克菲勒原则吗？人们在背后议论约翰·D. 洛克菲勒（John D. Rockefeller），说他出售的煤油灯之所以特别便宜，是为了确保自己的石油买卖永不停歇。

了解了这一原则，大众和福特等老竞争对手利用同一个平台突然就变得合理了——就像宝马的Z4和丰田的Supra使用相同的发动机那样。奔驰、宝马和捷豹等完全不同的汽车制造商都委托同一个制造商——麦格纳斯太尔生产，这对汽车品牌来说，其价值没有差别。而且，在"自动驾驶"方面，几乎每个大型制造商都与至少一个其他主流品牌合作，个中原因也不言自明：提高生产速度。这是为了在市场上尽可能便宜地分销尽可能多的自己的"煤油灯"，以便在数据石油时代中获利。

因此，如果未来的汽车市场不再仅仅是汽车市场，而是用户的虚拟家园业务，那么宝马、戴姆勒和大众还远赶不上丰田和特斯拉。我们记得，丰田除了汽车还计划开发智能城市。特斯拉自己的卫星系统——21世纪的油田——覆盖全球，还有更多：设计太阳能技术，开发电池技术，设计火星上的新居所。这些项目在未来市场的发展方向上绝对是超前的。

德国汽车制造商虽然没有具体的智能城市或火星移民项目，但也在其他地方做了一些正确的事情。这方面有三个例子。

● 电子加油站网络Ionity。背景是德国最大的汽车制造商和福特自2016年以来一直在共同开发的项目，它们认识到，只有在电动汽车可以在各处充电的情况下，高补贴的电动汽车市场才能重新划分。从这个意义上讲，直接同竞争对手合作所得到的回报超过了众多单独的解决方案。至少在启动阶段是这样——重要的是让用户接受新驱动装置而不是获取利润。

● 移动服务提供商Share Now。戴姆勒和宝马合作推出移动出行服务Car2go和DriveNow，试图从移动出行市场分一杯羹，而不是将其留给美国（优步、Lyft），中国（滴滴）或德国本地的竞争对手（Sixt）。也就是说，合作共赢比各自为政要好。现在，我们知道Share Now又站在了十字路口。由于其母公司将所有资源都投入了他们的电动汽车和数字战略，这家汽车共享服务子公司必须自力更生——也许是通过特许经营的方式。这也是朝着正确方向迈出的一步。

● 当奥迪、宝马和戴姆勒以28亿欧元收购诺基亚的地图服务Here时，其背后也出现了一种想法，即一方面抵御谷歌和苹果的地图服务，另一方面抵御华为和百度的地图服务（花瓣地图和百度地图）。这一举措的重要性在于，2017年，亚洲投资者获得了Here10%的股份，英特尔获得了15%的股份。2018年，博世集团和大陆集团分别以5%的股份跟进。为什么要开启争夺战呢？因为谁掌控了地图，谁就不仅能知道自己的客户现在在哪里，而且还知道客户将来会出现在哪里，以及他会使用什么产品，付多少钱。这正是大家现在寻找的黄金。但并不是所有人都发现了这一真谛。无论如何，Here的地图服务仍在亏损，目前正在寻找新的投资者。

理想的方案是一个封闭的数字生态系统，它将具有所有私人和专业需求的最终用户及其钱包完全包围了起来。这也就解释了，为什么苹果正试图接近汽车制造商联盟。也许华为也有类似的想法：2021年4月17日上海国际汽车工业博览会（简称"上海车展"）前夕，这一中国通信设备和硬件制造商发布了与北汽集团的子公司北京蓝谷极狐汽车科技有限公司（简称"极狐汽车"）合作制造的首台联网电动汽车。该车配备华为第五代移动通信技术（5G）网络，在华为自己开发的鸿蒙操作系统上运行。它还配备了华为开发的自动驾驶系统，由摄像头、计算机处理器和激光雷达组成。

华为在5G网络技术上处于领先地位。在德国，华为努力与各大学和研究机构展开密切合作，并在慕尼黑运营5G网络测试实验室。全球互联网接入，以及自己的操作系统和自动驾驶技术相结合正是特斯拉长期以来追求的理念。现在看来，美国巨头特斯拉和中国巨头华为正凭借着几乎相同的产品争夺新市场。

那德国汽车制造商在这场巨头之间的较量中扮演了什么角色？好吧，德国和两家一起玩。特斯拉有望获得数亿欧元用于他在格林海德兴建的工厂，而华为得到了巴伐利亚州的支持。特斯拉和华为都受益于当地训练有素的工程师和计算机科学家。

再强调一遍，这很复杂。在目前汽车行业的增值网络中，每个玩家都试图通过在整个网络中、整个价值链中进行全方位的大量新合作来保持自己的竞争优势。这个做法的关键不在于谁和谁合作。只有当我们问"为什么"时，我们才能理解行业中实际发生的事情。那么，这个"为什么"的答案是什么？答案是：在网络化的世界里，汽车不再是"神圣的钣金罩"，它只是许多终端中的一个，其收集的数据可以转换为真金白银。

一百年的汽车行业经验已不再重要。独家汽车制造商的冠军联赛正在成为一项新的"全民"运动。这就是我们要讨论的下一点，那就是，现在的冠军们应该尽可能多地让附加值回归自己旗下的价值创造链条。但最重要的是，要在自己公司内部保留对客户数据的控制权。可是，德国的发展方向貌似与此背道而驰：在所有方向上进行新的合作，以及一种新的纵向再整合趋势。该怎么设想呢？

● 先驱特斯拉：回归"自己动手"的原则

特斯拉是第一个做空中升级①的公司，也很清楚如何推销它。在佛罗里达飓风期间，特斯拉汽车的续航里程通过空中升级大为增加——着实令人难忘。这是一场科技表演，值得钦佩。德国的其他制造商还没有能力这样做。这又与路径依赖有关：鉴于它们非常成功的传统"面包黄油"生意，宝马、戴姆勒和大众只需要关注内燃机就够了，但特斯拉从一

---

① 空中升级指通过网络从远程服务器下载新的软件更新包对自身系统进行更新。——编者注

开始就专注于未来的问题。

而且，特斯拉的优势不仅在于专注，还在于垂直整合。在这方面，现在的先驱特斯拉遵循了100年前的先驱福特所遵循的战略。重要的是，它们都是自己开发，自己生产。这尤其适用于重要的电子元件和软件。我和奥迪其他高层管理人员当时认为，乍一看这种策略似乎违背常理，让人想起20世纪汽车制造公司的策略，而且完全过时。但现在，平心而论，我们当时的判断是错误的。

事实上，我们过于相信自己的供应商会以某种方式解决我们的问题。其结果是，我们现在在很多地方的发展深度太低，导致公司本来拥有的能力也就不复存在了，甚至都无法对这些事情进行判断或者决定。这是一个非常糟糕的发展方向，因为许多制造商已经转向或正处于重组过程中。

特斯拉在垂直整合方面堪称典范。这是因为他们对汽车的概念和如何最好地制造汽车有完全不同的理解。特斯拉并不为每个车窗、门锁和座椅加热器配置单独的控制单元，而是使用一个中央处理单元。这个处理单元旨在处理涉及半自动驾驶的任务，并控制所有信息娱乐功能。就像我说的，特斯拉几乎自行开发所有的软件和硬件。数据，也就是大家想要的"石油"，也留在特斯拉手里。这是一个巨大的飞跃，特斯拉迄今为止出售了大约80万辆汽车，现在预计收集的数据已经超过了全球路上行驶的1亿辆大众汽车收集的数据。

这台中央处理单元的设计和制造始终如一的简单，正是通过这一点实现了高度复杂的计算操作，特斯拉在这方面领先于竞争对手很多年。特斯拉还进一步进行简化：今后，埃隆·马斯克想通过使车辆平台统一化来革新汽车的生产，那就不用再把200多个零件焊在车身底板上了。机械行业的观察家们推测，为了实现这一点，特斯拉从意大利的意德拉（IDRA）公司订购了压铸机。它们可都是巨型设备，能够把铸件直接压制成成品车身底板，然后再装动力电池、中央处理单元，盖上钣金罩，一辆汽车就完成了。这些预制底板不仅可以作为Model X的部件，还可以用作大型车辆的零件，如皮卡（即特斯拉的Cybertruck）。我的意思是，这听起来像科幻小说。但是，埃隆·马斯克不止一次证明是我们错了……

特斯拉的市场策略看起来与大众、宝马或戴姆勒的策略截然不同。埃隆·马斯克并没有让汽车变得越来越大、越来越豪华、越来越赚钱。他的目标显然是用廉价的特斯拉大量冲击市场。请参考洛克菲勒原则：一开始赠送的煤油灯越多，后来的石油销量就越大。

这说明了什么？说明作为行业的先驱，做任何事情都必须要比其他人做得更简单并更快，从而快速占领市场。特斯拉向我们展示了这是如何实现的。至于德国的汽车制造商？直截了当地说，汽车帝国已经赶上来了。有些行业专家已经在超车道上看到了这一事实。德国三大汽车制造商在哪里？

● 宝马：未来已来

目前，这家巴伐利亚的公司更愿意尽可能多地把业务外包给供应商。现在，这种趋势已经结束了，至少在软件方面。"软件是公司的核心"，宝马研发总监弗兰克·韦伯（Frank Weber）在接受《明镜》周刊的采访时说道。而且，软件必须与硬件的开发紧密结合。

自2018年以来，宝马已经在每辆新车上安装了自己的宝马OS 7操作系统。就像特斯拉一样，宝马能够对其750000多辆兼容的汽车进行空中升级。宝马希望每年升级2—4次，并将其作为软件包首先加载到用户的智能手机上，或直接加载到汽车中。无论如何，汽车中的软件包会解压并安装到车辆组件中，以便语音助手、宝马地图导航、远程助理、驾驶员辅助系统或其他任何东西保持最新。大约20分钟后，用户会感觉自己的车变得更新、更好。

宝马很早便为其i3和i8车型设定了电动驾驶标准，然而
不幸又错过了时机，他们现在想借助自己的宝马操作系统
单独行动。更准确地说，使用一个全部由宝马自己控制的软
件，但它仍然由已知的模块组成并能够兼容其他系统。例
如，其数字汽车钥匙来自苹果公司，其基本体系结构来自
Linux操作系统，几乎和其他所有操作系统一样。

● 大众：所有人的未来

大众希望从2024年开始在奥迪车型上使用自己的新操
作系统，然后从2026年开始在大众品牌车型上使用该操作系
统。就像上面说的，其系统基本框架基于Linux操作系统。在
云计算上，大众与微软合作。在汽车与信息娱乐世界相连的
地方，我们看到的是谷歌旗下的安卓汽车操作系统。这里，
大众背后的意图显而易见：将市场上最强大的组件整合到自
己的生态系统中——一个适用于所有12个集团品牌的单一系
统。对于大众来说，这一步迈得如此之大，甚至堪称是革命
性的。无论如何，现在排在第一位的是软件。而随着销售渠
道的发展，大众对于汽车行业来说就像个人电脑领域中的英
特尔一样。也许更重要的是，如果大众能够通过用户界面来

保证自己的地位，那么它甚至会成为汽车行业的亚马逊。

奥迪最近根据"结构遵循流程"原则对其整个组织进行了重组。也就是说，现在奥迪的组织结构不再按职能，而是按能力安排。简而言之，从核心软件开发开始，只做必须要做的事情。那么，剩下的任务就不是很多了：主要流程的数目似乎减少了一半，次要流程减少了1/3。这种结构变革对现有组织的影响反映在其所采用的变革方法上。为了弄清公司里的谁在哪里做什么，他们用1100张纸带印制流程说明，贴在会议中心的墙壁、窗户甚至地板上。然后，25名变革小组的成员"手里拿着一堆纸条"，重新组织一切。这是人工智能时代价值创造环节中的一个有趣的流程。想要彻底改变的人显然也需要彻底的方法，也就是说，非常简单的方法。

我们知道，大众自行制造电池也算得上是为新的价值创造进行战略投资，让价值创造尽可能地回归自己的工厂，自己能做的尽可能自己来做。我们所做的要尽可能集中和简单。由于有着众多彼此竞争的内部独立品牌，对于大众来说，这也标志着其内部团队合作进入了一个新阶段。

● 梅赛德斯-奔驰：豪华使人与众不同

尽管德国汽车制造商在操作系统方面的发展水平大致相同，但戴姆勒或者说梅赛德斯-奔驰自业务部门分拆以来，一直专注于豪华风格。赛亚德·汗（Sajjad Khan）自2018年10月起担任整个CASE（互联、自治、共享和服务、电气）组织的负责人，他在接受采访时表示："过去，钢铁和机械是最重要的，而现在，软件和先进电子产品的应用同样重要，甚至更为重要。豪华是什么这个问题也是如此。豪华在今天不仅意味着在车内使用最高质量的材料，也意味着车上搭载最先进的汽车软件。这就是我们每辆梅赛德斯-奔驰汽车的目标。"

现在奔驰的MBUX信息娱乐系统就证明了这一说法，该系统旨在为驾驶员和乘客提供一个"环境感知"的用户界面，有点像电影院。

早在2016年，奔驰的E级汽车就已经能够提供首次空中升级。MBUX系统自2018年年初开始运行。伴随着软件体系结构与相应的MBUX系统的整合，梅赛德斯-奔驰现在也希望能够走向未来，但现在显然还没有到达目的地。因为，2024年是下一个里程碑：奔驰的专有MB.OS操作系统将面世，可以把车辆连接到云和物联网世界，并通过用户界面完全控制所有领域。这里运用了一体化这个原则。从前景来看，很明显MB.OS操作系统在2040年前将集成到所有车辆中。

梅赛德斯-奔驰的重点不再是马（发动机），而是马车夫（用户）。赛亚德·汗继续说："从长远来看，我们将客户与我们绑定在一起。这也保证了我们在后续业务中的赢利能力。客户知道他们可以从我们一家获得自己所有想要的东西，而且还是奔驰的品质。"

因此，每处供应链都缩回到自己的公司旗下，特别是在软件方面。现在的问题只是，对于戴姆勒或宝马这样的制造商来说，回归技术独家经营的策略是否有望长期坚持下去。因为戴姆勒（从前景来看）既不像特斯拉这样的公司，也没有大众或者丰田在全球范围内数以千万计的销量，戴姆勒既无法将投资配置到普通人身上，也无法收集和销售大量数据。而且，受限于车辆数量较少，其信息收益水平也可能上不去。除非这一顶级制造商真的在虚拟生态系统中成功地重新定义了"豪华"，或者用流行语讲：能让客户舍得掏钱的用户体验。

结论：汽车行业的新思考

内燃机失去了它的独特性，不再需要开发和生产越来越复杂的发动机，未来也不属于燃油，而是需要完美地满足用户的出行需求，提供个性化的附加服务和信息娱乐选择。这改变了这一行业的商业模式。这个行业也不再仅仅是汽车制造商的天下，也属于移动、通信和信息服务供应商。

供应链金字塔崩塌了，汽车不再是由供应商和品牌制造商组成的刚性供应链金字塔的产物，而是各方在复杂的价值创造网络中共同合作生产的结果。这是一个由独立玩家组成的网络，其中的每个玩家都可以与其他玩家合作，其中的每个玩家都可以根据需求（或者让他人）生产汽车。这些玩家包括已经功成名就的制造商和供应商，也有新面孔，例如亚马逊等大型购物平台、谷歌等大型内容平台，这些玩家还带来了新的技术初创企业，以及许多具有新硬件和软件的先驱领导者。

　　从软件和微电子把发动机挤出价值创造的中心以来，传统工程师们在汽车制造上退居二线，从事软件、微电子和整车集成的专家们才是这场竞赛的主角。他们是汽车制造商中的新时代摇滚明星，带来了完全不同的工作方式：不再是一步一步地发展，也不是从外到内，而是从内到外的冲刺。

　　简而言之，未来不属于过去我们所熟知的汽车行业：旧结构打破，新结构出现；老玩家下场，新玩家上场。

第三章

借助开源，加快数字化转型

CHAPTER 3

绝地反击
汽车业数字化、新能源化的追赶与超越

因为2021年春天半导体芯片供应短缺，汽车制造商斯特兰蒂斯（Stellantis）临时在标致3085的驾驶室里将全液晶仪表盘恢复为模拟指针式车速表，而且，还不只是斯特兰蒂斯一家，整个行业都受到电子零件短缺的负面影响，各地的生产要么削减，要么完全停工。到目前为止，人们才发现，这一个小小的硬件居然能残酷地令一个庞大行业陷入停滞。

本章概要：

- 从汽车自身操作系统的角度剖析汽车制造商丧失原先地位的原因。

- 简要解释什么是汽车操作系统。

- 开源的益处。

- 我们现在需要量子跃迁才能从钣金联盟中崛起。

汽车制造商如何一点一滴地恢复自己的力量？

　　汽车制造商对高度复杂部件的依赖伴随着高风险——我们生产汽车伊始，甚至在我的职业生涯开始时，都没有发展到如此严重程度。世界上的第一辆汽车仍然符合马车的设计原则：驱动装置和驾驶座位于前排，后排是乘客席，下面安上四个轮子，上面扣上车顶，大功告成。早在10年前，马可·里库蒂伯爵（Graf Marco Ricotti）就让人依据飞船的样子设计了一辆名为40/60马力空气动力学车（40/60 HP Aerodinamica）的流线型汽车——阿尔法·罗密欧的前身。20世纪20年代，工程师们试验了新的汽车形状，如鱼雷形、水滴形，使汽车能够更好地应对风阻。在20世纪50年代到70年代，汽车的外形变得越来越苗条、越来越优雅，而汽车设计也为人们所崇拜。

●形式追随功能：为什么我们反其道而行之？

几十年来，我们用黏土塑造了汽车的原型，和越来越复杂的几何图形打交道，练习如何使我们的设计思想至臻完美。也就是说，我们的工作路径基本上是从外到内——形式追随功能。实际上，设计应该反其道而行之——功能追随形式。为了确保新车型能够正常工作，我们在开发过程中会将旧发动机安装到新的原型车中，或将新发动机安装到旧车型中。我们一步一步地优化了设计和发动机。但是，我们很长时间以来都没有质疑过汽车的构造。

一开始我们并没有真正认真对待埃隆·马斯克。他的思路不是基于"汽车"，而是基于"智能手机"。因此，他做的很多事情与我们不同，他从软件出发，依靠垂直整合，建立了自己的充电基础设施，而不是专注于所谓的"电动汽车设计"。这才叫逆风飞扬！正是这种反其道而行之的大胆构想帮助我们摆脱了旧模式的桎梏，重新思考。最重要的是，所有汽车制造商必须都要认识到：电动汽车不必专注于外观！

随着电动出行的突破，我们可以将自己的需求提升到下一个级别——合理地考虑客户需求、简单生产、简单维修、优化消费和完美设计。我们成功地完成了这一进化步骤。

在汽车内部，各种流程还是继续按照旧逻辑进行：要求供应商依据数百个规格的文件夹进行开发。通过这种方式，软件和硬件越来越紧密地交织在一起，无法进行空中升级。如果要优化、修复或扩展某项功能，则需要添加一个新的控制设备。

这使得许多制造商对汽车内部的处理方式有所不同：与下游供应商合作的重点不再是产品规格书，而是用户体验。这也使得供应商的工作方式发生了变化。现在，下游供应商不再像以前那样依赖于制造商的规格书，而是依赖于快速成型。他们借此逐步接近最佳用户体验。由此产生了一些新奇的想法，例如汽车的导航系统能将虚拟方向箭头投射到真实的道路上，并通过"驾驶现场音乐会"让无聊的堵车时间变得惬意。

• "从内向外看"

汽车制造商现在将90%的软件委托给下游供应商来完成。因此，所有这些系统之间的内部连接变得越来越复杂和昂贵。如今，汽车的信息技术系统比智能手机要复杂10倍，将来可能会复杂30倍。

这种高度复杂的系统的连接功能极易出错，这也正是大众将信息技术业务召回自己旗下的原因。具体来说，大众希望到2025年将其自身的信息技术业务比重提高到60%。对其他制造商而言，趋势也类似。

汽车制造商将回归垂直整合，回归"形式追随功能"。而且，因为汽车的任何功能都由硬件和软件控制，所以今天的一种新汽车模型设计始于汽车的各种功能分析。而分析对象并不是关于技术上的可行性，而是关于坐在驾驶座上的人，现在被称为用户体验。沃尔沃早在2011年就将品牌战略命名为"以人为尊"。今天的宝马广告中提到iDrive[①]数字交互界面时称："从内向外看……不只是从汽车的内部，还是从乘客的内部，从驾驶员的内部，甚至是从他们感受的内部。"

对于血管中流淌着汽油的工程师来说，这种一贯的以客户为中心的思维模式可能听起来有些不寻常。但特斯拉早就明白了个中道理。因此，大屏幕才是驾驶员的中心元素。这

---

① iDrive为intelligent-Drive system的缩写，意为智能驾驶控制系统，是一种全新、简单、安全和方便的未来驾驶概念。

样，它就可以通过外部升级来实现将所有驾驶员辅助系统或信息系统的控制权交给一台中央计算机的想法。

对客户来说，随时通过升级优化自己的汽车会让他们产生不同的体验。新的功能总是会令客户感到惊讶不已，比如修复了他那调节起来不那么顺手的量产雨刷器（特斯拉2018年的案例）。

而协调完美的服务项目源于对所有应用程序和客户数据的完全控制，这些服务项目有望带来丰厚的利润。因此，现在可能是将公式扩展到"利润追随功能"的时候了。对德国的汽车制造商来说，这意味着每家原始设备制造商都必须知道自己的"密码"，了解客户及其行为和喜好，然后还要知道客户将来会为哪些增值服务付款。只有到那时，空中升级的商业模式才会真正有意义。

所以，我想说，戴姆勒与英伟达建立起来的战略伙伴关系在短期内绝对正确，但在长期内可能会导致不太健康的依赖性。当原始设备制造商不那么积极配合，只是专注于自己造车的核心业务时，这种策略不起作用，因此，不会发生技术诀窍和知识产权的转移。所以，大型原始设备制造商自己甘愿降级成为钣金折弯工。这是一条错误的道路。

这里再作一次澄清，每个新车型的开发都必须从软件开

始。这一点必须成为每个汽车制造商的核心竞争力，而且要
马上、立刻实现。这是他能让客户记住自己的秘籍。这里不
仅需要技术上的量子跃迁，还需要组织和精神上的飞跃。

● 继往才能开来：在信息技术领域也是如此

　　我提到的"组织"的意思是，在许多公司里，产品文
档仍然运行在"远古时代"几乎没有备用部件的通用商业语
言（Common Business Oriented Language，COBOL）的大型机
上，也没有精通这类机器的信息技术专业人员。大家迫切需
要告别过时的物料清单（Bill of Material，BOM）系统，并将
整个业务转移到灵活的云环境中。然后，企业信息技术可以
帮助构建软件驱动的模拟工具。我认为，我们应该更积极地
利用公司内部信息技术部门数十年来积累的专业知识。企业
信息技术与车辆系统之间的桥梁不可或缺。

　　但是，我们在这里通常并非继续革新，而是在原地踏
步，只不过建造一些规模庞大的新结构。大众、博世等公司
目前正在将它们的软件资源整合到新的组织单位中，我认为
它们的体积过大了。真的需要一万人在一个软件公司里工作
吗？其他公司，比如慧摩，则大概只雇用了1500名专家，是

不是令人瞠目结舌？我的意思是，我们需要的不是尽可能多的信息技术人员，而是合适的专家。

如果我们建立的组织结构太大，而不是小型的、自主的和敏捷的团队，那么，我们还是回到了成千上万名员工一起工作的传统。在时间就是金钱的时代，这对原型设计来说不是很有效。组织单位越大，它需要关注的东西就越多，反而忽略了重点，例如客户最终在车内的体验。

还有一个问题，据我所知，很多公司都忘记把过去和未来联系起来。我指的是车辆信息技术和企业信息技术之间的接口。哲学家奥多·马夸尔德（Odo Marquard）曾经说过："继往才能开来。"这也适用于企业信息技术与开发部门之间的合作，集团与初创企业之间的合作，以及企业与编程马拉松[①]之间的合作。当救生艇上的船员们兴奋地朝着视野中的陆地呼喊时，他们不应忘记大海上的巨型油轮。

形式追随功能，而功能包含在软件和芯片中。这就是为什么我们必须从这里去思考汽车——以及组织。

---

① 又称黑客马拉松，起源于美国，是一种开发人员合作进行某项软件项目的活动。——编者注

汽车如何成了智能设备？

　　未来的汽车将成为"带轮子的智能手机"——我经常听到和看到这种类比。这一基本思路是正确的，毕竟，未来的汽车是一种智能装置。但是，从技术上讲，智能手机和智能汽车之间在本质上存在着区别。智能汽车更应该称为"车轮上的数据中心"。

　　智能汽车的最底层是硬件。它们是来自高通、英伟达、英飞凌和博世等制造商的芯片。芯片的性能决定智能汽车的性能。与英伟达一样，恩智浦（NXP）半导体公司也已经有了自动化驾驶和机器人汽车技术。截至目前，高通的芯片主要用在智能手机上。2020年1月，这家半导体公司宣布，到2023年，要开发自己的机器人汽车平台。美德合资的初创公司Recogni也在开发处理器，能够以前所未有的速度处理自动驾驶汽车的传感器和摄像头数据，同时最大限度地降低功耗。因此，该公司将革新自动驾驶的各种主题串联了起来。

现在，每一名玩家都在寻求面向未来的战略合作伙伴关系，例如，戴姆勒与英伟达。宝马、丰田、博世和大陆这些实际上的竞争对手共同投资初出茅庐的Recogni——这在行业中实属新闻。原因显而易见，谁能获得最强大的芯片，谁就能提供最好的用户体验，谁就能在自动驾驶汽车领域的竞争中赢得头筹。是什么令芯片如此强大？

• TOPS是新的马力

发动机的功率由它的马力来定义，计算机的功率由它的TOPS（Tera Operations Per Second，处理器运算能力单位）来定义，即"每秒万亿次运算"，也就是说，计算机的中央处理器在一秒钟内可以执行多少次计算操作。简要来看：

- MOPS：*每秒百万次运算。*
- GOPS：*每秒十亿次运算。*
- TOPS：*每秒万亿次运算。*

当计算机运算非常大或非常小的数字时，会使用一个被称为浮点的数字表示法。结果得出这样一个单位：

- FLOPS：每秒浮点运算。
- MFLOPS：每秒百万次浮点运算。

对比一下：1941年，当时的传奇计算机Z3[①]取得了两项令人瞩目的成就，每秒所做的加法运算居然能达到2 FLOPS。特斯拉用于自动驾驶的芯片大约可以达到150 FLOPS，即具备每秒150万亿次运算的处理能力，功耗大约300瓦。更重要的是，英伟达于2021年4月推出的计算机"Atlan"，将于2025年开始用作汽车的新"大脑"。它比上一代的"Orin"强大4倍，而后者至今还没有上路使用。2023年开始，奔驰车型才会安装"Orin"。接下来，英伟达已经公布了其运算能力达2000 TOPS的芯片，但功耗需800瓦。此时，Recogni也加入了比赛，它生产的芯片运算能力可达1000 TOPS，但功耗仅为10至20瓦，并且几乎可以根据需要进行任意扩展。对电动汽车来说，节约能源至关重要，因为这意味

———————

① Z3是一种继电器计算机，由德国工程师康拉德·楚泽（Konrad Zuse）研制。——编者注

着更长的续航里程。前文就硬件方面已经讲了许多内容。

在软件层面上，核心操作系统位于最底层，它是主要软件层，负责控制任何硬件。在这一级，科技巨头、开源联盟、供应商和原始设备制造商相互竞争，其中还包括令人惊讶的名字。

黑莓公司被许多业外人士视为企业糟糕决策的一个典型案例。据说，这家制造商一意孤行地抱着键盘智能手机不放，然后被苹果公司击垮了。事实虽然是这样，但这种视角太狭隘了。事实上，黑莓公司早些时候就收购了合适的公司，如今凭借其汽车操作系统在公众面前非常成功：黑莓的QNX是当今汽车行业最大的操作系统供应商之一，估计1.75亿辆汽车上运行的都是它的软件。例如，宝马以QNX为基础开发出了iDrive导航系统。大众汽车也使用QNX。中国制造商百度也以QNX为基础，为自动驾驶汽车推出了开源的阿波罗平台。QNX必须按许可证购买。黑莓之所以能够做到这一点，是因为它拥有开源软件市场中的一种相关信息。

● 开源系统：人人共享

谷歌的"Android Auto"仅指汽车中的信息娱乐系统，

而"Android Automotive"或"Google Automotive Services"
（GAS）则提供免费开源软件，包括核心操作系统及其上层
中间件。借助谷歌云，这家技术巨头还能够通过机器学习帮
助汽车制造商实现人工智能和数据分析。也就是说：谷歌不
仅在我们的个人电脑和智能手机中，也在我们的汽车里。但
就像智能手机市场一样，汽车市场也有开源的替代方案：
GENIVI①、AGL（Automotive Grade Linux）和SmartDeviceLink
在亚洲的应用范围很广泛。此外，汽车行业还在继续努力，
通过标准化来解决车载信息技术的高错误率和高故障率。重
要的是汽车开放系统架构联盟（AUTOSAR），其很早就开始
努力统一通用接口。

　　此外，目前，新的自动驾驶汽车系统正在形成，例如
来自英伟达之家的英伟达Drive（免费但并不开源），来自
中国的百度阿波罗，来自日本（也许最有趣）的开源项目
Autoware。全球共有约60个以自动驾驶汽车为主题的开源项
目在运行。其中的发展变化仍然令人兴奋。这就是创新诞生
的摇篮。那德国呢？德国的供应商在做什么？博世集团正在

---

① CENIVI是非营利性汽车行业联盟，现更名为COVESA，是开源汽
　车软件开发平台。——编者注

与微软合作构建一个新平台，原始设备制造商可以通过该平台将更新推送到他们的车辆上。大陆集团选择与另一家全球云提供商进行开发合作：亚马逊网络服务（AWS）。相反，原始设备制造商选择另辟蹊径。

● 德国汽车制造商：各自为政

大众汽车在开发自己的操作系统VW.OS，梅赛德斯–奔驰也在制造自己的操作系统MB.OS。宝马则在开发宝马OS 8。每家公司都想尽可能地不依赖谷歌、苹果、微软和亚马逊。每家公司都希望凭借自己的操作系统在市场上脱颖而出——这可能会带来一个新的业务领域。所以，每一家大型德国汽车制造商都在各自为政：深入挖掘自己的"战争保箱[①]"，建立了庞大的部门，汇集了成千上万的专家，制订了单一的解决方案。然而，早在汽车制造商想到将他们配有发动机的钣金车身连接到全球数据大脑之前，开源软件和相应硬件的数字革命就已经开始了。这就是为什么"专有操作系统"的说法会误导人。

---

① 指用于支持战争的金钱或装备。——编者注

　　许多行业外的决策者并不清楚的一点是，开源软件（最初）几乎在所有应用程序中都占到了很大的份额，包括宝马、戴姆勒、大众汽车。几乎每个软件应用程序都包含开源组件。安卓和iOS的大型移动操作系统携带着Unix的基因，Unix是20世纪70年代在贝尔实验室里诞生的开源计算机操作系统。安卓也是开源的。

　　特别是谷歌使用安卓创建了"特洛伊木马"：如果将免费软件安装在车辆的中心，谷歌将能够访问客户的数据。根据这些数据，谷歌可以越来越多地扩大其服务周围的生态系统，包括带广告的地图、带广告的搜索结果。因此，在操作系统级别上选择其他道路是明智的决定。否则，我们会把汽车变成一个有永久内置广告的移动数据"吸尘器"。

　　汽车数据中心中的下一层是什么样子？直截了当地说：一模一样。

● "你好，汽车！"：界面上的玄机

　　在用户界面上，越来越多语音控制命令涌向汽车。有一些公司，比如纽昂司通信公司，几乎都没有什么人听说过，

但苹果的用户喜欢用这家公司的软件进行交流：Siri是该公司的产品。该公司于2021年4月被微软收购，交易价格近200亿美元。此外，宝马、梅赛德斯–奔驰、奥迪、福特、通用以及许多其他基于Dragon Drive平台的智能语音助手也来自这家公司。大部分汽车制造商都在使用该平台的语音接口。近年来，用户界面已发展到触摸屏，并且人类语言的使用也更广泛。系统基于云，具有几乎无限的计算能力，而且将来还会更好。

梅赛德斯–奔驰现在就已经揭开了未来的发展道路：今后，摄像头会读取乘客的头部和眼睛运动数据，以控制灯光和窗户，并会就乘客当前的心情状态推荐适合的餐馆。目标是形成某种"移情能力"。这一点也许令人印象深刻，我只是想知道，未来的驾驶员是否真的想用手势控制自己的车。与语音用户界面相比，"自然手势控制"对我来说是更令人兴奋的问题。

在信息娱乐层级，谷歌和苹果再次扮演起了特洛伊木马的角色：

- 谷歌通过Androidauto和Android Automotive将用户已经习惯使用的其他智能设备应用（主要是谷歌地图）

带入驾驶室。但更重要的是，谷歌通过自己的应用商
店——Google Play，在整个基于应用软件的业务中以
服务保证了自己的市场份额。

● 苹果在这里的竞争产品是CarPlay。现在，几乎所有主
流汽车制造商都提供CarPlay。CarPlay现在还可以从其
他技术公司获得服务（如谷歌地图和WhatsApp）。但
是，居于中心地位的是苹果的应用商店，苹果用户可
以通过它获得应用程序。这也是苹果的一个重要收入
来源，苹果能从每一个应用程序中分一杯羹。

两家公司都确保自己直接接触客户，并控制他们访问
（或不访问）自己的服务世界。而且，因为这两家供应商在
智能手机市场明显占据主导地位，所以今后很可能主导汽车
信息技术市场。

● 灯光风琴是新的提示铃声

知名的下游供应商们，如大陆、伟世通、哈曼、安波
福或麦格纳已经在集成商层面蓄势待发。整体车辆集成通
常由每个原始设备制造商自己负责。应用程序和服务则再

次扮演外来选手的角色。例如，Here提供地图信息，声田
（Spotify）提供播客和音乐，而亚马逊则提供播客和音乐，
一言以蔽之，应用程序是关键。

汽车制造商面临的问题是开发自己的应用程序产品：为
了不让自己的汽车沦为智能手机的金属外壳，更重要的是，
在这里能够赚到很多钱。事实上，汽车制造商已经想出了很
多办法。当然，我们现在可以嘲笑它的用处，就像在21世纪
的第一个10年中嘲笑购买手机铃声那样。事实是，在汽车本
身和内部添加的功能可能不会带来这么多收入，却具有重要
的标志性意义——字面意义：

- 灯光：比如，奥迪的最新高级车型用可定制的灯光
  效果迎接乘客——灯光通过车前车后的发光二极管
  （LED）灯带汇聚起来，最终在前大灯开启时达到
  高潮。A6 E-Tron概念车还会把灯光符号投射到地面
  上，以便与后续车辆的驾驶员或行人进行交流。

- 声音：宝马委托屡次获奖的电影音乐作曲家汉斯·齐
  默（Hans Zimmer）赋予其电动汽车型史诗般的音
  效。电动款跑车iX作为纯电动汽车没有发动机，驾驶
  员们在汽车里能够听到发动机噪声的替代品——人工

风噪音效。音效对应于驾驶风格和外界环境，并通过
24个扬声器播放出来。大众汽车也有类似的想法，新
款大众ID3的"车噪音效"由成吉思汗乐队的传奇音
乐家莱斯利·曼多基（Leslie Mandoki）作曲，他也为
奥迪谱写了开机音乐，有音乐家口中所说的一种特殊
"质感"。

- 游戏：还是奥迪。A6 E-Tron概念车在充电站充电时
可以将电脑游戏投影到墙上，用户可以通过智能
手机打游戏。此外，奥迪也参股投资了虚拟现实
技术初创企业Holoride——一家从奥迪剥离出来的公
司。Holoride将实时车辆数据（如颠簸、刹车或加
速）与视频游戏的内容相结合，使游戏体验更为
"真实"。

如前所述，你可以把它当作玩具来打发时间。但我们不
应该忘记，智能服务交易正在蓬勃发展。2020年，人们在应
用程序上的支出增加了30%。根据分析平台SensorTower的数
据，交易总计1100亿美元；2019年，这一数字就已经相当可
观，达852亿美元。苹果应用商店的销售额（728亿美元）明
显高于谷歌应用商店（386亿美元）（图3-1）。

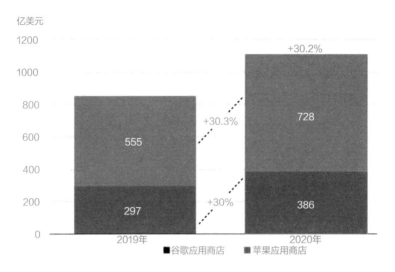

图3-1　2020年用户的应用程序消费金额

亚马逊自2011年以来还经营着自己的安卓应用商店，并拥有自己的应用程序，比如有购物、视频、照片、音乐、有声书、电子书、电视和语音控制功能的"Alexa"。因为亚马逊的应用程序是商家在线平台的入口，所以在这里查看到的总销售额很耐人寻味。在2020经营年度，亚马逊的销售额达到创纪录的3860.6亿美元左右，比上年同期增加了约38%。在北美市场，拥有最大份额的是亚马逊（2362.8亿美元），国际资金约为1044.1亿美元。亚马逊网络服务的销售额约为453.7亿美元。这表明，亚马逊在汽车的用户接口上占有重要地位。因为闲下来的那些人（因为堵车！）会把时间用在各种应用程序上，并为此付费。如果刚好没有发生堵车怎么办？那就该亚马逊的语音小助手Alexa上场了。这是下一个特洛伊木马。

● 模拟汽车转变为数字汽车

亚马逊有了一个新的想法——它要把接口嵌入由于年代久远而根本没有接口的传统汽车中。凭借自己的智能音箱（Amazon Echo），这一在线零售商承诺，以约60欧元的价格让传统汽车也能够享受所有已知的智能功能。目前还不能通过"Echo"支付加油和停车费，但这在以后应该是可能的。作为一种改装设备，"Echo"不能访问内部车辆数据，也不能控制加热器或雨刷器。但是，可以想象它的产品完全融入汽车的那一天——这正是汽车制造商多年来一直无法想象的。现在，他们所面临的局面是，一个拥有强大云能力的强大合作伙伴正处于汽车软件的中心位置，它还会将触手伸向二手车业务，甚至还包括新客户业务，它可能会引导一些买家不购买集成的信息娱乐系统，而是在汽车内加装一个小小的"Echo"。

实话实说，德国汽车制造商在这里落后一大截，而且不

仅仅是德国的汽车制造商。那现在奋起直追还来得及吗？科
技公司是不是把自己绑定在了车载计算机和网络的深处，没
有它们我们什么都做不了吗？事实的确是这样！从技术上来
说，情况不应该是这样。而从未来角度来看，这种依赖性将
进一步增加。

为什么我们只有借助开源才能迎头赶上?

2016年,在埃默顿咨询公司(Emerton)的研究发布时,汽车制造商仍对谷歌保持高度警惕。当时的汽车专家们描述了制造商试图控制其依赖风险的三种方法:

- "合作":一系列汽车制造商,例如FCA(今天的斯特兰蒂斯)、沃尔沃、极星和雷诺(较小规模)一直对与谷歌合作持开放态度。免费接收操作系统的代价就是失去对客户数据的控制。
- "转向数字":另一组汽车制造商则依赖于构建通常基于QNX操作系统的强大解决方案。不过这种方案是专有的且较昂贵。
- "构建替代性的开源生态系统":第三组汽车制造商,如当时的福特和标致雪铁龙,推动GENIVI联盟建立行业标准,并提出了基于行业的开源解决方案。

　　这条路在今天看来被认为是失败的。

　　但是，第三条路描述了我今天仍然认为极具吸引力的
开源思想。2016年，法国咨询公司埃莫顿的专家让·埃德
蒙·库特里斯（Jean-Edmond Coutris）和阿尤尔·格鲁维尔
（Ayoul Grouvel）对德国汽车制造商的评价充满热情："凭
借强大的合作文化以及与能够提供关键技术构件的公司合作
或向其投资的能力，德国顶级汽车制造商证明，另辟蹊径也
可能会通向成功。"然而，不幸的是，在此之后什么也没
发生。

　　这条路曾经可能行得通。可是汽车制造商没有选择走这
条路。大众汽车、梅赛德斯-奔驰和宝马都在绞尽脑汁研究
各自的解决方案。他们没有形成什么值得一提的伙伴关系文
化，尽管这种联合解决方案能够使所有人共同进步，比任何
人的单兵行动都要好得多。

　　大陆集团的董事会主席沃尔夫冈·雷泽尔（Wolfgang
Reitzle）也认为，德国汽车制造商的各自为政是错误的。面
对新闻杂志《明镜》周刊的采访时，他并没有掩饰自己的态
度："如果每家制造商都尝试开发自己的软件平台，那是一
个历史性错误。"

　　他肯定，几年后，世界上只会剩下三四种汽车操作系统。然后，"亚马逊效应"开始发挥作用：大型平台越来越大，小型平台越来越小。因此，雷泽尔提出了一个我认为很中肯的解决方案：建立一个标准化的欧洲平台，每家制造商都可以通过自己的模块来满足自己的需求。

　　现在，每家制造商都试图从零开始，为自己的汽车品牌研发自己的操作系统，这不可能是最明智的选择，这只是为了不让世界上像谷歌和苹果这样的公司参与进来。让我们看一看相邻的行业，如智能手机、游戏、流媒体产品，无论是哪一细分领域，在各处市场上占据上风的强大玩家不过两到三个。这背后是有一定原因的：现在要创建的所有异构系统都需要维护和不断开发，需要大量资金，却没有产生利润。因此，我希望德国汽车行业制订一个统一的开源开发计划，最好是欧洲级别的。虽然各家企业现在所走的道路并非朝着这一方向，但合作才是唯一真正有希望成功的办法。

　　我们必须知道，今天，汽车行业再也不能独自打造各自的平台了。虽然行业内的广泛合作是一个良好的开端，但如果没有其他行业（硬件、软件、数据管理）的专业知识，这种合作就等于痴人说梦。欧洲有这样的专业知识，我们有德国电信、西班牙电信、法国电信，我们有思爱普和无数的行业巨头，例如，法国北部的供应商OVH，他们最近使用谷歌构建了一个云产品。

现在，德国汽车制造商彼此之间也必须密切合作，与博世、大陆、采埃孚尤其是相关的初创企业一起合作，建立一个无须自己从零开始打造的、有竞争力的系统。我们又回到了埃默顿咨询公司2016年倡导的"替代性的开源生态系统"。只不过，到底什么是开源？

● 开源来自何方，它给汽车制造商带来了什么？

机器时代的创业行为遵循下列原则：任何发明或投资一项技术的人都拥有这项技术的知识产权利，并能借此赚钱。而开源范式的运转模式与其有着根本的不同：产品（例如软件）由"社区"根据特定规则和安全要求共同开发。许多参与者自愿和免费为共同成果做出贡献，最后大家都可以利用集体知识产权，也就是共创共享。

当涉及大量的编码工作和大量的使用模式时——在时间紧张的情况下，开源总是要更胜一筹。理想情况下，开源为整个社区提供了一个稳定的基础，帮助参与者在这一基础结构之上构建商业模式，并从中获利。对汽车制造商来说，这意味着对开发者的访问几乎不受限制。真是一个绝妙的主意——但它也像任何一枚硬币一样，具有两面性。

当差异化和货币化失败时，或者当一个重要参与者突然找到了另一条更好的道路，而开源社区又依赖这条道路时，或者当参与者之间互相掣肘时（如在微软、谷歌和苹果中），开源就成了一个问题。此外还有一种可能，当地缘政治导致风向大变，突然禁止自由使用原先的软件时，比如华为被禁止使用安卓系统。

当然，汽车的开源要求安全原则（"网络安全"）和保护区域发挥关键作用。智能手机上的软件故障可能只会让人失去通讯录联系人，但在汽车中发生故障可能会导致死亡。外部可操纵的自动驾驶车辆可能会带来超级灾难，对汽车行业来说，这要比大众"柴油门"丑闻的危害程度高出好几倍。

特别是对高端汽车制造商来说，令他们最恐惧的是，现在，使用高质量的开源软件（从操作系统到具有卓越用户体验的用户界面）基本上可以制造任何高端汽车。这使得奔驰、宝马、奥迪等制造商更难在市场上脱颖而出。如果竞争对手以明显更低的价格提供同样的服务，那么这些汽车制造商的价格就难以被客户接受了。但是，即便是从零开始研发软件的汽车制造商也不会赢得比赛，赢家是谷歌、苹果等这些超级玩家，他们将借助应用商店赚取数十亿美元。他们根本不在乎用户开的是什么牌子的汽车，只要用户肯把钱留在应用商店里。

这和智能手机市场的原理是一样的。这不再是汽车行业的问题，而是关于用户时间的新争夺战，也就是围绕"用户注意力"的新经济。在这一点上，德国汽车制造商还没有出现在用户屏幕上。

● 德国汽车制造商现在还能做些什么？

尽管有这样或者那样的不利因素，我仍旧认为开源在原则上是正确的。所有的制造商都会迎来崛起的机会，从欧洲层面看，改变美国公司在软件开发上的主导地位更有助于欧洲汽车制造商退出钣金联盟。德国高端汽车制造商已经行动起来，这是一个好的兆头。

这需要实干精神。如果花太多时间在合同设计和风险协调上，那共同事业不会有什么实质性进展。因为过分注重相互协调反而会导致无功而返。现在需要一支几百到几万人的小部队——我现在已经觉得人数不少了。质量优先于数量。

现在的汽车工业过于传统化，缺乏一种合作开发方法。没有这种方法，他们开发的操作系统几乎不可能达到安卓或类似产品的一半。软件开发可不像组织工厂那样。它需要超级扁平的结构，很少的上层建筑，还有很多自给自足的小规模队伍，队员都得是顶尖人物。

在软件行业，"开源"是核心原则。这不仅是一个软件开发战略，还是几十万软件开发人员的理念。它代表某种形式的合作，以及如何推动项目进步。它代表了"共享"这种特殊态度，这种态度在传统的汽车行业中似乎常常不太受欢迎。

那么，一个以开源原则为基础的欧洲汽车工业合作战略会是什么样子呢？以下是一些要点。

- 欧洲汽车工业必须共同努力界定和实施开源系统的各个层次。只有在最上层，即面对最终用户时，每家原始设备制造商才离开开源基础，创建自己的品牌。
- 在遵守反垄断规则的前提下，应为此目的建立一个联合体结构。软件架构师和在开源许可方面经验丰富的法律专业人员创建具有前瞻性的结构，从而使汽车模型的开发周期更为灵活，从而缩短开发周期。由原始设备制造商建立联合体，但这个联合体必须独立运作、独立决策。雇用的专家人数不必很多。联合体中的层次结构要扁平，其工作方式取决于软件开发人员通常的工作方式，例如小型团队和冲刺式的敏捷开发。这些团队分布在不同的地理位置，在虚拟环境中协同工作，他们的目标必须是建立一个独立的欧洲整体解决方案，包括网络安全。

● 要使这一行动取得成功，就必须进行彻底的变革，解散制造商的自助团体。因为在这些团体中，每一位代表追求狭隘的私利，对竞争对手抱有敌意，他们都只忠于自己的原始设备制造商。我们必须转变思维，一起着眼大局，为所有人创造一个最佳的起点，这种想法肯定能实现吗？如果主要玩家们欢聚一堂，彼此交流和协调行动，他们又会取得怎样的成功呢？我的意思是，汽车制造商应该为共同的事业而努力。最终要打开格局、着眼长远。这种转变必须要快。

从传统意义上来说，汽车制造商之间的合作非常困难。但是，面对这些挑战，欧洲汽车制造商的董事会应该召开一次战略编程马拉松大会，邀请有前途的初创企业提出创意。

我的意思，现在还不晚。现在做出正确决策的汽车制造商还有机会保持品牌形象，维持甚至扩大自己的市场地位。

我们在哪些方面需要量子跃迁？

　　我们现在需要树立信心，集中力量并相应地调整预算。软件起着关键作用——汽车行业的决策者们已经领悟了这一点。问题只是他们能否摆脱不健康的依赖，使必要的合作变得公平和有意义。而这一点能否实现取决于当前相关瓶颈问题（芯片、电池续航时间、数据传输、功耗和云解决方案方面）的"量子跃迁"是否成功。

● 芯片：我们需要硅基智能

　　汽车的芯片直接决定它的功能和表现。但很多人不知道的是，这种能力涉及多个维度。第一个问题是，芯片在一段时间内可以进行多少次运算，也就是它的性能。第二个问题是，芯片能够承受多大的温度变化和振动，也就是芯片的耐受性和保护性——汽车中的芯片既要经受冰雪霜冻也要经受

阳光炙烤。第三个问题是，芯片的能耗如何影响汽车的整体
性能。

我们现在面临的挑战是，虽然我们已经走在了通往汽车
中央计算机的正确道路。但是，计算机仍然无法处理PB级别
的数据，例如，环境中多个高分辨率摄像头所产生的数据。
计算机不堪重负，这一点并不令人惊讶，因为许多计算机从
来都不是为了移动端而诞生，仅用于个人电脑端。当然，我
们可以把多个系统组合起来，使它们更强大。但随后，计算
机的体积会变得非常庞大，导致会引发封装失效问题，并需
要主动冷却。

量子跃迁应该发生在什么地方，是在整体上还是在芯片
上？我认为两者皆是。这就是为什么我坚定支持美德合资的
初创企业Recogni。

Recogni的芯片从一开始就为满足汽车要求而设计。它
是世界上第一个不以浮点数计算，而是以对数计算的汽车
芯片。令人惊讶的是，对数计算的想法起源于17世纪，直到
1967年得克萨斯仪器公司发明了第一个手持计算器为止，对
数计算一直是德国的日常方法。今天，运用博物馆里的计算
尺可以将困难的乘除法变成简单的加减法。使用对数计算的
芯片运行速度非常快。

Recogni芯片的不同之处在于，它使用聚类压缩来存储数据，首先检查所有对象的共同特征，然后仅保存（压缩）一次它们的描述参数。其余的描述参数围绕核排列，即簇集。因此，芯片输出的数据要少得多，可以使用直接插入图像传感器的集成内存。因为它消除了内存芯片中的桥接，所以它能够提供实时数据。此外它还有一个优越性，可以用合成数据而不是实际流量来训练芯片。在学习阶段，开发者理论上可以让芯片学习任何事物，比如纸袋、奶牛、飞行器。芯片知道的"边缘"案例越多，就越好、越安全。这是硅基智能。

如前所述，电动汽车要实现高性能、低功耗。Recogni芯片的功耗为10瓦，可达到1000 TOPS的运算能力，即每秒1000万亿次运算操作，将来甚至可以扩展到8000 TOPS（功耗为50瓦）。当前汽车中的高性能芯片约150 TOPS，需要300瓦或更高的功耗。电动汽车需要在这方面实现量子跃迁，计算机越节能，电动汽车的续航里程就越远长。

而这也是为什么我们不得不告别现在的汽车架构——其中安装了180个高功耗控制装置。未来，汽车上低性能、高功耗的装置都要清除。这也适用于自动驾驶的问题。

• 自动驾驶：终于去做该做的事

虽然我们能这样做，但我们不被允许这样做。这就是自动驾驶所面临的情况，至少处于3级自动驾驶时是这样的。[①]简要提醒一下：

- 0级："仅驾驶员操控"。支持系统会发出警报，但不会进行干预。
- 1级："手或脚放开"。车道保持助手等主动干预转向系统。
- 2级："手脚放开"。例如汽车自动泊车，但仍由驾驶员控制。
- 3级："闭上眼睛"。例如交通堵塞代驾功能，驾驶员必须能在10秒内重新接管。
- 4级："大脑零操控"。例如汽车自动泊车，驾驶员不进行干预。
- 5级："驾驶员零操控"。车辆完全自主行驶；没有

---

① 3级以下是辅助驾驶，仍由驾驶员承担责任，3级以上是不允许的。——编者注

驾驶座和方向盘；驾驶员无法干预。

现在的技术在某些情况下可以实现3级自动驾驶。未来，自动驾驶的事故率会更少，这是一个重要的优势。此外，自动驾驶将在某些领域得到回报。下面来看一个计算示例，在卡车运输中，驾驶员必须每4小时休息一次。现在，如果卡车在驾驶员休息的时间内继续自动行驶，卡车每天行驶的千米数都会大大增加。

但是，自动驾驶汽车最开始的用武之地只能是不那么复杂的场景。"我们现在需要通过自动驾驶把货物送到配送中心的车辆，和安全、按需运送乘客的公共汽车一样。"德国联邦交通部部长安德烈亚斯·舍尔（Andreas Scheuer）在2021年春宣布了相应的法案，并带着很高的期望："德国应该给自己定下成为自动驾驶领域'领头羊'的目标，并'在国际上制定标准'。"所以，德国将成为世界上第一个把4级自动驾驶汽车从实验室里领出来的国家，并从2022年开始允许它们上路行驶，至少在它们不会伤害到任何人的路上行驶。什么意思？这是一个进步，但并不是什么量子跃迁的大变革。想坐着自动驾驶的私家车在高速公路上驰骋的用户还要等很久。麦肯锡咨询公司预计，到2030年，100辆汽车中

只会有两辆会自动驾驶。这不仅发生在德国，全世界也是一样。（图3-2）

	2020年	2025年	2030年
0级	60%	27%	13%
1级	25%	25%	20%
2级	13%	38%	22%
2+级	—	7%	35%
3级 车道助手	—	2%	6%
4级 高级自动化	—	—	2%
4+级		1%	2%

图3-2 预测：按照自动驾驶等级划分的车辆比例（全球百分比）

除了标志着整个欧洲向前迈出了重要一步的法律框架，我们还缺少一些运算能力。这里会发生很多新变化，我们在这里还有很多事情要去做。这样，汽车才能适应周围的环境，并处理传感器数据。有些汽车制造商也需要对此重新展开思考，"升级"和"5G"主题虽然是重要的自动驾驶因素，但如果只能在有5G网络的地方自动驾驶，那将毫无意义。我的意思是，这个问题可以用不同的方式解决。因为原则上，我们不需要不断地通过空中传输大量的地图数据来进行现场处理。我们需要自力更生和自给自足。汽车本身必须了解它的位置和周围环境，这反过来又增加了对车内传感器、计算能力和通信的需求。而且，对我们的汽车制造商来说，还有很多工作要做，这样才有可能充分利用自动驾驶的优势。

这种优势对卡车来说尤其显而易见：更少的事故，更远的行驶里程，新的商业案例，更快的投资回报。

现在切换一下场景，让我们来看一看中国。自2021年5月起，百度的阿波罗Go(Apollo Go)机器人出租车在北京首钢园投入使用。凡通过阿波罗Go应用程序订购机器人出租车并支付费用的人，都可以乘坐这样的出租车。北京对百度来说只是个开始。今后，百度机器人出租车预计将在中国其他城市部署。而且，百度并不是这一领域唯一的选手：阿里巴巴投资的安途公司似乎早在2020年年初就开始提供无人驾驶出租车服务；日产支持的中国初创企业文远知行主打的是无人驾驶的试验车。此外腾讯、滴滴和索尼也开发了自动驾驶技术。亚洲在这片领域已经走得很远了。

但是，自动驾驶技术很复杂，而且非常昂贵。在这种背景下，美国现在出现了类似"机器人出租车旋转木马"的情况：来福车（Lyft）将其自动驾驶部门出售给丰田的子公司编织星球（Woven Planet），根据协议，编织星球公司可以使用来福车的系统和车队数据。优步把它的自动驾驶部门出售给了极光（Aurora）公司。服务于美国养老机构的自动驾驶初创企业Voyage被通用汽车的子公司Cruise收购，微软也持有Cruise公司的股份。亚马逊收购了祖克斯，英特尔子公司（无比视）（Mobileye）希望于2022年在德国推出其首个机器人出租车服务。然而，谷歌子公司慧摩仍然是自动驾驶领域的先驱。那特斯拉呢？它正在开发自己的机器人出租车，可以通过订阅购买。这也是大众汽车追求的目标，但很可能要到几年后才能准备好实施。

但是到目前为止，还没有一辆量产成熟的自动驾驶汽车能够与其他汽车无缝连接。能够连接到智能城市基础设施的自动驾驶汽车很少——在每个路口都可以及时知道谁会以怎样的速度从哪个拐角处走来。这需要一个覆盖面极广的5G网络，而我们现在还做不到。现实情况是，即使到目前为止，自动驾驶汽车也无法区分落叶和落石。我们还没有准备好。我的意思是，我们不应该被幻想左右，也不要过分关注。并不是所有在技术上可行的事物在日常生活中都有意义，特别是在商业模式上。

我们也不应该忘记，完全自动驾驶的汽车和机器人出租车其实是终极目标。况且我们的汽车已经朝着这个方向发展了：在高速公路上，如果距离太近，它们就帮助我们制动；它们帮助我们保持车道，让我们在停车时远离障碍物，并帮助我们超车。将来，摄像头和激光雷达会越来越便宜，我们能够越来越好地解决汽车的数据传输问题，空中升级服务就越有利可图。这不是异想天开，还是有可能实现的。并非只有当人们让自己的机器人出租车在公园里转弯时，他们才能从自动驾驶的进步中获益。但是，现在是时候让3级自动驾驶（"手脚放开"）投入生产了。

● 数据传输：速度更快、安全性更高

汽车的激光雷达和高分辨率摄像头使自动驾驶或半自动驾驶成为可能，但这也大大提高了对汽车线束的标准要求。激光雷达和高分辨率摄像头（每秒可产生60帧图像）很快就会生成PB级别的数据，1PB大约相当于1000台笔记本电脑的存储容量，1000台！

那么，这些数据如何通过汽车传输数据，而延迟不超过10毫秒？这要通过汽车以太网来实现。简而言之，以太网是一种出现在局域网（LAN）中的网络。以太网可以帮助汽

车传输大型数据包。根据《汽车周刊》的调查，越来越多的汽车制造商将汽车以太网视作新的汽车传输标准。传统的总线系统将被取而代之。我的看法是，这听起来似乎是个好主意，可实际上目前还不能令人信服。

它不起作用，因为即使千兆以太网速度也太慢——提供的带宽不足。此外，它也无法实现足够的系统安全。数据传输中的错误风险太高。这和芯片差不多。人们尝试自从未为汽车应用程序开发过的、完全不同的领域去调整物理层。

背景如下：以太网以数据包的形式传输数据，没有固定的访问网格。这和使用固定网格和最小带宽的其他系统有所不同。如果以太网没有足够的带宽，则它无法传输所有数据包。因此，传输是否成功并不确定。此外，以太网仍然需要更高的协议支持来消除错误。还有一个问题，以太网在物理上容易老化，因此容易发生故障。

这些问题在开发中不断出现，所以，目前我认为这种技术还不能使用在汽车中。所以我们需要下一个量子跃迁。实际上，它已经发生了：以色列芯片制造商瓦伦斯（Valens）的HDBaseT。该技术来自视听领域，已经趋于成熟。与以太网不同的是，这一技术的吞吐量和安全性非常高，在10000

辆汽车的使用寿命期中只发生一次故障。这就是我们在驾驶辅助系统和自动驾驶需要的技术。在此基础上，我们可以开发至今仍难以实现的系统。HDBaseT可实现高达16千兆比特的传输速率，具有零延迟性、可靠性，甚至不会被其他汽车的电磁辐射所干扰。采用瓦伦斯这种方案的第一家汽车制造商是戴姆勒。接下来的几个月，我们将看到其他汽车制造商是否会做出这一有意义的决定。

● 标准：争论更少，实干更多

标准是德国汽车制造商的一个关键点。一方面，专有解决方案往往具有很高的吸引力，因为它可以让使用者在市场上实现差异化。另一方面，标准也变得越来越重要。在数据传输上，汽车行业不再使用MIPI（Mobile Industry Processor Interface，简称"移动产业处理器接口"）。

MIPI是电信行业的通信标准，是一个可将芯片、传感器和组件的接口标准化的统一接口。MIPI联盟是一个非营利组织，包括来自移动设备、半导体和汽车等行业的300多名成员，包括苹果、安谋、戴尔、谷歌、索尼、三星等大型公司和一些汽车制造商。简而言之，它是现在最大的玩家。其目标是以较低的成本实现高数量。而且，由于汽车行业相对于消费电子行业而言是一个小型行业，因此汽车制造商可以依靠MIPI快速、低成本地满足用户对高级功能的需求。

瓦伦斯和戴姆勒有很充分的理由相信MIPI，但这并不意味着其他汽车制造商也这么认为。事实上，宝马联合几家公司成立了Automative Serdes Alliance，公开反对MIPI。

所以，在标准竞赛中，有话语权的是MIPI、ASA，还有上面提到的汽车开放系统架构，等等。德国的汽车制造商为什么不拧成一股绳呢？很简单，凡制定标准的地方，就涉及分蛋糕。在这里，即使某一观点会伤害整个行业，每个玩家仍然选择先保护自己的利益。其实，这最后也会伤害他们自己。为什么制造商不再有勇气革新？不再更有远见？不再愈发团结？也许只是这一问题对他们来说并不重要，毕竟，他们在云问题上更有勇气合作。

● 一个适用于所有人的云

没有云的话，那些想要高效地制造汽车的人，那些想要智能网联汽车、共享汽车或自动驾驶汽车的人，都无法走得太远。对大部分汽车制造商来说，云就是亚马逊的AWS、微软的Azure或谷歌云Hyperscaler或阿里巴巴的阿里云。通过它们，汽车制造商可以预订所有连接工厂和使汽车更加智能的东西：网络和机器人、安全和协作、数据库和分析、物联网和人工智能、媒体流和区块链。云市场的2/3被大型玩家瓜分，其中最早和最大的供应商是亚马逊的AWS（市场份额31％）和微软的Azure（市场份额20％）。谷歌Hyperscaler（市场份额7％）稍晚一点才上市，其市场份额稍低的原因是当时市场版图已趋于稳定。其余1/3的市场份额由中小型供应商占据，包括德国电信（Open Telekom 云）、OVH或Wortmann（Terra 云）。OVH这样的供应商也可以进行大数据分析和机器学习，但老实说，这些玩家都无法同美国和中国的巨头相提并论。

这就是为什么宝马在需要"开放式制造平台"时，没有找德国电信，而是去同微软合作。这也就是丰田想同亚马逊合作共同开发其"移动服务平台"（MSPF）的原因。正因为如此，大众早在2019年就开始与亚马逊合作开发"工业云"，同时与微软合作开发自动驾驶平台。

每个大型云平台都使用自己的体系结构，这些体系结构不一定与其他供应商的体系结构兼容。与此同时，越来越多的大型汽车制造商到了只与一个超级玩家合作已经远远不够的地步。混合云的利用率呈上升趋势，汽车制造商越大，他们并行使用的云就越多。不幸的是，这些云并非来自欧洲供应商——像德国电信这样的欧洲公司可不喜欢这样。

对此，我们需要了解的是，德国电信和德国铁路或德国银行当然也使用超级云，并至少用来运行部分业务。这是因为我们缺乏其他选择，而且显然这是问题的症结所在。

这就是欧洲云项目Gaia-X的原因。多条小鱼联合起来就可以抵抗大鱼，来自欧洲各地的云服务提供商团结起来，以《通用数据保护条例》（*General Data Protection Regulation,* GDPR）（这是关键点）为基础建立了一个共同的信息技术基础设施，并渴望摆脱欧洲以外地区的监管性干预。这不亚于欧洲的数字主权。为了保护欧洲的数字主权，Gaia-X主要在三个层面上发挥作用：

- 数据：安全数据交换和身份管理。
- 服务：在此级别上，不同的服务提供商可以跨平台提供服务。
- 基础架构：在最低级别——主权云堆栈（SCS）上建

立开源项目。

在这里，所有数据都是开放的。这样一来，每个成员都可以获得最大的自由和独立性。

Gaia-X的首席技术官库尔特·加洛夫（Kurt Garloff）向专业媒体it-business解释了为什么Gaia-X能够发展成为游戏规则改变者。借助这种欧洲云，欧洲供应商有机会构建一个完整的、技术上具有竞争力的数据基础架构，"该基础架构符合我们关于数据保护和数据主权的规则和价值观"。而且这一点正在慢慢变得具体起来。

Gaia-X数字基础设施的一个重要组成部分是Catena-X项目。虽然Gaia-X主体还在构思阶段，但Catena-X已经变得具体：该项目诞生于2020年12月，旨在促进企业间的数据交换，希望原始设备制造商能够与供应商密切联系，并在2021年推出第一批应用程序。汽车行业对此兴趣很大，除了宝马和戴姆勒，大众汽车现在也加入了联盟。思爱普和德国电信也参与其中，此外还有博世、采埃孚、舍弗勒等。最后，我们的目标是更密切地控制价值链上的资源消耗，以便更快、更有效地展开合作，由此提高生产力，实现所有德国汽车制造商承诺的电动出行未来。

在德国市场上，尽管有人对《通用数据保护条例》怨声载道，但这一条例还是定下了一个基准。那还是2016年。当欧盟法院2020年废除了欧盟与美国2016年达成的"隐私盾"（Privacy Shield）资料传输保护协议时，整个行业震惊不已——毕竟面临着要被处以巨额罚款的威胁。目前，欧盟正在就《数字服务法》（Digital Service Act, DSA）和《数字市场法》（Digital Market Act, DMA）进行新的谈判。不仅欧洲担心隐私问题，美国也希望确保其公民和公司的敏感数据不会简简单单地存储在世界各地并被利用，而其互联网巨头的欧洲业务继续成功运行。

因此，欧洲在数据安全领域重新建立框架的希望并不渺茫，它为开源项目的基础界定了高技术标准，为所有参与者提供了法律保障，并在供应链上进行数据驱动的监测，这不仅提高了合作效率，而且还节约了成本，从而实现了可持续发展。

我为什么这么认为？为什么我说美国和中国的贸易伙伴会接受欧洲公司在汽车软件和云领域的新竞争？为什么他们不反对欧盟新制定的权利和法律，只是在必要时将其转化为本国法律？

因为尽管欧洲市场的商业前景可能堪忧，有时甚至毫无吸引力，但它仍然拥有强大的汽车品牌，仍然拥有整个行业中最优秀的人才，最重要的是，7亿欧洲人中"高端客户"的比例很高，"超级玩家们"是不会轻言放弃的。

结论：新的范式就是"微电子第一"

　　自从汽车转变为智能设备以来，新车的开发必须从内到外进行，首先是软件，然后才是车辆设计。车辆软件的痛点是用户界面。在这里，谷歌、苹果和亚马逊等科技巨头成功地将自己的"特洛伊木马"送上了汽车制造商的产品。这来源于埃默顿咨询公司2016年的看法，但到现在都没有过时。根本上说，如果我们想了解这些科技巨头是如何做到的，我们需要更仔细地关注一下信息娱乐平台的建设。我们在这里看到了几个层面：目前，每个原始设备制造商都在构建自有操作系统，在中间件级别，苹果和谷歌正在发力角逐，将来亚马逊也可能会加入进来。他们可以控制客户对应用程序和服务的访问，也就是控制了收入。所以科技巨头早已稳稳地绑在了汽车软件上，很可能有一天我们需要支付额外费用来去掉汽车广告。

　　开源是值得的，因为这项工作需要大量的编码工作、大量的使用模式和很少的时间。虽然开源使得每个公司都难以在市场上实现差异化，但这是欧洲独立于美国或亚洲超级玩家的影响，在市场上保持强势的唯一途径。

德国汽车制造商需要的是欧洲生产的芯片，更好的芯片，更多的芯片——只有在此基础上，汽车才能充分发挥作为智能设备的作用。欧洲需要更快、更安全的数据传输，需要制定技术标准，需要安全的云。

现在还来得及。新一代芯片已经问世，汽车中快速和安全传输数据的新标准已经出台。现在，德国汽车行业需要变革来告别制约汽车发展的传统架构。坚持这些架构是没有意义的。

展望未来，标准通用、法律安全的云，汽车中的高性能计算机以及欧洲开发和生产的信息娱乐和连接技术是发展的必需。如果数据是新的石油，那么应用程序和升级就是新的商业模式。而且，我指的不再是车上的通信软件，而是指在驾驶安全、驾驶舒适、驾驶乐趣等方面更有意义的功能。最终，这是关于驾驶员们想要在车里体验什么，以及他们珍视什么。

在这里，德国汽车制造商面前有一个选择：独立自主，或者依附他人。技术就在那里，知识就在那里，德国现在需

要停止单打独斗，团结起来，在未来的全球汽车市场中取得
一席之地。

第四章

关于汽车和驾驶员的全新思考

CHAPTER 4

绝地反击
汽车业数字化、新能源化的追赶与超越

看起来像一只装了三个轮子的海燕，最高时速达到每小时177千米，在晴天不需要额外耗电，单凭电池电量就能跑1600千米的美国轻型太阳能三轮电动汽车Aptera，在2011年首次破产后又回归市场，现在已经销售一空。Aptera并不是唯一一款摒弃豪华和运动型多用途汽车的外观，专注研究解决电动出行问题——续航里程——的超级创新电动汽车。这是汽车的未来吗？关于车型有什么说法？

本章概要：

- 轻型汽车为什么在市场上不受待见。

- 运动型多用途汽车为什么最终总是能够占据上风。

- 未来的汽车为什么不靠性能和设计，而是凭借应用、升级和服务取胜。

- 传统的"驾驶员"如何转变为"用户"。

现在变得愈发多样化……并非如此

　　世界各地的初创企业都在打造原型车，大型玩家们也花了10多年的时间钻研富有想象力的电动汽车：2011年的一场车展上，大众汽车携单座电动汽车Nils亮相，雷诺则带来了纯电动小型汽车Twizy，欧宝则根据20世纪50年代的梅塞施密特迷你汽车的原理，推出了一款前后双座车RAKe。从那以后，再也没有多少人听说过这些轻巧紧凑的概念车的消息了。它们中没有一个改变了汽车工业。

　　但现在大家的确在继续开发：在西班牙马拉加，一款头部好像青蛙脸的梅塞密特式新奇汽车（带电动机）下线。瑞士的滑板车制造商Micro正在制造电动版伊塞塔（"Microlino"），试图东山再起。标致雪铁龙正在研究一种三轮汽车，但并非复古式，而是未来式的。这甚至是受了欧盟的委托：标致雪铁龙是高效城市轻型汽车（EU-LIVE）联合体中的汽车合作伙伴，该联合体还包括大陆集团、电池供应商三星SDI、制动器制造商布雷博和其他8家公司。欧盟委员会划拨670万欧元推动这项工作。那么，现在变得愈发多样化了？并不是。

　　人们常常会忘记，汽车历史上一直翻涌着最为惊人的浪花，而在每一个变异多样性的新阶段之后，都发生了"物种灭绝"。汽车工业的第一次繁荣早在1908年就已经结束了。当时汽车制造商的数量从12家增加到53家，制造业的12500名员工每年生产的汽车数量超过了初生代汽车爱好者的购买力。例如，德国早期的汽车制造商推出了各种各样的小系列量产车，制造了从未量产的原型车，包含多个品牌——斯芬克斯、劳尔、利普西亚，这些车在几年后又销声匿迹了。无数的制造商都没有跨过起步阶段。但是，这是一个重要的转折点，而且早在那时，杜克斯、霍希、奥迪、戴姆勒和奔驰等品牌就打造出了世界上最好的汽车。

　　第一次世界大战开启了一个艰难的时期，这场挫折给汽车工业带来的影响直到20世纪20年代中期才完全恢复。经济形势、通货膨胀以及可能还有西班牙大流感，在欧洲导致了一种与美国不同的情况，即当地中产阶级家庭大多无力购买自己的汽车。他们选择骑摩托车，商店里卖的是廉价的三轮运输车，比如"高尔克美孚"，自1928年以来，他们只缴纳摩托车的税款。出于经济原因，消防队和城市工厂等公共机构使用电动汽车，提倡"节约外汇，电动驾驶"。

● 小型车和运动型多用途汽车：民生行业

伴随着电动汽车的种类愈发多样，其零部件种类也变得纷繁复杂：55种不同类型的汽车轮胎、113种不同的起动机、269种不同的灯泡和300种不同的电池槽。当时的德国政府结束了这种局面——1935年举办的柏林国际汽车展览会代表了新效率。从那时起，德国的电动汽车都用"标准化电池"。到1939年，德国批准的起动机类型也限制在10个，白炽灯泡限制在26种。当时德国的新标准（比如电池和平台标准）不仅带来了汽车工业如今也希望实现的规模效应，而且也是战备动员的一个简单而有力的先决条件——后来的历史众所周知。

第二次世界大战后，在被摧毁的德国，拥有高质量的家庭汽车再次成为不可想象的事。这种痛苦再一次激发了创意的诞生：1950年，保罗·克莱因施尼特格（Paul Kleinschnittger）推出了一款小型的敞篷车，6马力，没有倒车功能。想改变行驶方向的人需要下车，把车抬起来掉

头。1955年前后，第一批至少有13.6马力的格哥摩（Goggo
mobil）下线。20世纪60年代初，迷你跑车"小个子的法拉
利"紧随其后面世。容易被遗忘的是，是格哥摩在20世纪60
年代帮助宝马摆脱了危机。因为宝马收购了格哥摩的制造商
格拉斯有限公司，弥补了伊塞塔和巴洛克风格的501/502汽车
造成的巨大亏损。

今天，我们再次面临巨大挑战，小型电动汽车非常适
合市中心，可对于客户来说太贵了——这是第一个问题。在
这种情况下，国家提供购买补贴是一个正确的想法，早在20
世纪40年代末，东京就派发补贴支持超紧凑的"Keicar"。
但补贴并不能解决根本的问题：大规模电动汽车的生产使制
造商几乎赚不到钱，部分甚至是失败的商业案例，小型和微
型电动汽车也是如此。难怪即使是经典的经典，比如菲亚
特500、菲亚特熊猫、欧宝亚当、欧宝卡尔、福特Ka和大众
UP，也停售了。

事实上，汽车体积越大、越豪华和性能越高，汽车制造
商的盈利空间就越大。在所有的车型中，伊塞塔这样的微型
汽车如今也几乎完全是经验丰富的概念车爱好者口口相传的
一个案例，他们不在乎缺乏舒适性、缺乏安全性和缺乏实用
性等问题。这些概念车肯定有助于品牌推广，但在大多数情

况下，它们不具备成为大众产品所需的条件。不过，复古正
当时。马车退出历史舞台之后，养马成了一项爱好。那么，
当燃油车时代结束后，为什么小型的老爷车不能变为一种爱
好呢？在合成汽油的推动下，这种爱好有朝一日可能演变成
"无悔的乐趣"。

这对德国的汽车制造商意味着什么？实现气候目标需要
制造大量的小型低利润电动汽车，实现盈利目标则需要制造
少量的大型高档车。单单经营小型汽车不利于生意的发展，
单单经营大型汽车缺乏大众和品牌认同。我们如何摆脱这种
困境？我的答案是，就像在汽车史曾经上演过的那样：凭借
规模效应和服务理念。

• 为什么规模效应不会导致汽车市场千篇一律？

电动汽车的模块化生产平台给大型制造商带来了其所
期待的规模效应，较小规模的制造商甚至新进入者都能够快
速、相对经济地进入市场，同样，也可以在预制平台上制造
大型运动型多用途汽车，博世和本特勒汽车的"滚动底盘"
就是一个很好的例子，富士康的"滑板府盘"也是如此。大
批量生产中，越能够成功地生产汽车最昂贵、最关键的部

件，最终所有汽车的生产效率就越高。

如果通过减少部件的多样性来提高效率，那么，每个品牌的独特性会消失吗？采用许多相同部件的平台化生产策略是否会导致汽车市场千篇一律？是的，这个问题问得好。但答案是：不会！品牌差异化能够通过设计、应用和功能得以实现。

汽车生产平台是赢利的重要工具，但不是唯一的工具。电动汽车也有限制，比如原材料的限制。有时，情况会与规模效应恰恰相反：需要的原料越多，价格反而越高。从这个意义上说，并非所有规模效应都能按计划实现。规模效应不是万能灵药。无论汽车的驱动类型如何，平台今后也将不再以长度、宽度、高度为导向，而是以用户使用场景为导向，即车辆的主要使用区域和由此产生的服务。

也就是说，今天，设计汽车的人必须继续思考。在汽车市场上，虽然大家仍在探讨关于顶级引擎和顶级速度的话题，但人们的关注点主要集中在续航里程上。续航里程变得十分重要，以至于沃尔沃和雷诺等制造商已经决定在工厂内限制其汽车的最高速度。品牌和设计方面的个性化区分仍然存在。在这里，"老字号"的当地厂商仍然立于不败之地。但是，这里也出现了一些新的主题，例如升级和服务。

● 升级已成为新的商业模式

在汽车成为智能设备之后，通过升级，用户可以像智能手机一样不断地将车辆更新到更好的状态。制造商可以解决质量问题，也可以提供全新的功能。重点在于安全功能，如停车辅助、导航、远光灯辅助和巡航控制。除此之外，还有最初像是噱头一样的功能等，如灯光调节、音响效果、按摩程序。

正是这样的升级，使汽车今天变成了多用途的私人空间：俱乐部或书房、车轮上的养生坊、音乐厅、电影院或游戏区，一切都可以通过空中升级进行设置。比如，梅赛德斯-奔驰正在策划一种"派对模式"和一种"浪漫模式"，特斯拉现在已经在驾驶室屏幕上增加了一个点燃虚拟篝火的功能。

这一切——也正是我们为什么要认真对待这些想法——使得仅依靠智能手机无法提供的用户体验成为可能：它是一个在封闭私人空间中的全身心体验，且在很大程度上在自己的控制范围之内。因此，把电动汽车比喻成"会跑的智能手机"，即使从操作系统层面上看也过于简单，在这里并不正确。

　　就移动出行方案、汽车共享和自动驾驶出租车服务来说，一辆汽车提供的可能性总会比套上钣金外壳的智能手机要多得多。我深信，汽车作为智能、安全（防病毒）、多组织的私有空间，今后也将对个人具有重要的意义，个性化出行时代还远未结束。对德国汽车制造商来说，"互联服务"是未来最重要的业务领域之一。该行业预计的业务量将达到数10亿美元，仅梅赛德斯–奔驰一家就能在2025年前增加10亿美元的利润，笔者对此感到乐观。

　　这只是个开始。因为，与交付给客户就大功告成的新车业务不同，用户每开一次车，制造商就能通过升级赚到钱。这是制造商第一次有机会从客户身上赚取服务利润，这导致了价值链的扩展。

　　而在这一点上，制造商发现了另一个他们以前不熟悉的商业领域：视频会议、流媒体传输、游戏。如果自动驾驶汽车的驾驶员想按照居家的方式打发时间，汽车行业不久也要与出售电脑游戏打上交道了。在此，EQS等汽车巨大的智能屏幕（1.41米宽）提供了令人振奋的可能，更不消说将挡风玻璃用作智能屏幕了。

　　这种发展据估计还需要很多年时间才能实现，所以像斯特兰蒂斯这样的汽车制造商暂时切换到了另一个不同却相关的方案——游戏化。新菲亚特500型的驾驶员可以获得环保驾驶的密码币。以环保的方式行驶10000千米的驾驶员将获得大约价值150欧元的奖励，可以用来在Zalando（柏林的大型网络电子商城）兑换一条牛仔裤。在全国排名中靠前的驾驶员还能获得亚马逊或奈飞等平台合作伙伴的额外奖励。从长远来看，游戏化方法很可能会从一个噱头发展为一个非常严肃的商业战略。

• 未来的汽车看起来会是什么样的？

即使偶尔出现了从来没有人想到过的超小型或超大型高端汽车，在几代汽车中确立的车身类型（如轿跑车、运动型多用途汽车）和车辆类别（小型、中型、大型）标准也不会改变。在车辆标准领域，我更希望标准化程度不断提高。然而，这一点将被大量与用户体验、驾驶安全和驾驶舒适性相关的附加功能打破。正是这些升级使个性化车辆变得与众不同。当然，附加功能也可能不会绑定到车辆上，而是绑定到驾驶员身上，因此他总是将某些功能带到他正在驾驶的车辆上。由此，汽车保留了作为身份和生活感受的标志功能，同时围绕个人预订的服务方案产生了新的出行选择。

　　我们可能不再关心我们汽车的长度、宽度、品牌和发动机性能，而是"使用场景"。这里指区分驾驶车或乘用车、周末购物用车或长途办公用车。看一看当前客户的消费欲望和使用场景，就能发现一个未来的应用场景已经出现了，尽管方式会与预期不同。

出行的新旧未来

　　100多年以来，人们在关于未来出行的辩论中关注的往往是愿景而非知识。例如，1900年，巴黎世博会委托发行的系列明信片描绘的未来有飞行巴士、悬挂在飞艇上的邮轮和佩戴飞行翅膀的警察。1930年，苏联出现了飞行城铁的愿景。20世纪60年代，意大利诞生了适合一人站立的移动玻璃微囊，而美国则出现了作为宣传常客的自动驾驶豪华汽车，一个小家庭可以在车上玩多米诺骨牌打发时间。许多未来愿景都是针对当时看似遥不可及的2000年的无限遐想，结果是，没有一个愿景像想象的那样发展为实物，许多愿景以不同的方式得以实现，有些甚至实现了优化进步。

　　回顾历史有助于我们更好地将今天的未来愿景与其前人的愿景联系起来，而今天的未来愿景往往比实际发生的事情更能说明前人的愿望。例如，德国未来研究院在"网络化（知识）社会的背景下"看到了"新的出行范式"，并提出了"关于出行大趋势的四个未来设想"：

- "汽车将撤离城市。"取而代之的是，不同品种的自行车和"最后一千米"解决方案将主宰城市形象。因停车场面积减少而腾出的城市空间将成为新的"城市会客厅"。
- "无缝出行集成了私人服务和公共服务。"实时数据分析减少出行时间和出行成本。
- "自动驾驶改变汽车的作用。"因为取消了主动驾驶，所以驾驶员得以腾出时间来工作和放松。
- "体验将比拥有更重要。"越来越多的人不再局限于拥有一辆汽车，而是选择"灵活访问"各种各样的出行工具。虽然汽车仍将继续发挥作用，但已不再是焦点。

围绕着这一未来设想，我们可以添加无数类似的内容。我想在这里简要介绍两种情景：

- 技术未来主义。把人们看作在电动摩托车、自动驾驶汽车、高速铁路和无人机之间移动的用户。

● 回归自然的办法。更多地侧重于区域性和近距离出
行，如家庭办公室、自行车、步行道，从而减少总体
出行量。

对更美好世界的愿景，以及对消除迫在眉睫的气候灾
难的愿景把这两种观点结合起来。这两种观点的核心是尝试
去重新定义汽车。第一个未来版本的汽车能够联网并自动驾
驶，因此是节能的汽车。在第二个未来版本中，它是多余，
甚至是"被禁止的"汽车。难怪比起第二个版本笔者更喜欢
第一个版本。这与"意识形态"无关。这是关于技术可行性
和明智决策的问题。相信我们可以造出让气候友好、个性化
出行成为可能的汽车。我们可以做到这一点，而且，如果我
们想成为未来汽车制造商中的重要玩家，我们也必须这样
做。因此，重要的问题是：

● 汽车为什么对这么多人如此重要？自新冠肺炎疫情暴
发以来，这一角色发生了怎样的变化？

● 有哪些可供选择的出行模式？为什么有这么多的模式
不能在市场上发挥作用？

● 汽车制造商如何将综合运输或多式联运理解为一个共

同的机会?

• 为什么汽车仍然在发挥主要作用?

汽车已经失去了其在当今出行中的主要作用,而且未来也肯定是这样,这一事实可以从驾驶执照数量和对千禧一代(1984—1995年出生)的调查中得出。如果只看德国,实际上,参与驾驶执照考试的年轻人数量正在下降,2020年,德国进行了150万次驾驶执照实操考试,比上一年减少了约11%。而且,年轻人对于拥有汽车的兴趣也有所下降:根据福特和德国未来研究院的一项研究,只有10%的千禧一代认为"拥有一辆好车"是一个重要的个人奋斗目标——但这个调查是在2014年,即新冠肺炎疫情出现之前。

但是,无论是在2014年还是现在,这些趋势都没有在德国行驶的汽车总数中反映出来:德国的机动车保有量不断增加。自2007年以来,德国汽车数量增长了17%,卡车数量增长了45%。

这一趋势不仅在德国,而且在全球范围内都有所反映。例如,2020年发布的安永《未来消费者指数》的调查结果显示,在9个国家(中国、德国、印度、意大利、新加坡、韩国、瑞典、英国和美国）3300多名消费者中，近1/3的无车消费者希望在今后6个月内购买一辆汽车，其中45％是34~39岁的新客户，主要原因是新冠肺炎疫情。

出于同样的原因，全世界的自行车行业正经历着前所未有的繁荣。在新冠肺炎疫情导致的封锁期间，欧洲城市实际上增加了许多新的基础设施，既用于汽车交通，也用于行人步行。巴塞罗那减少交通出行的"超级街区"政策被广泛讨论，法国首都的彻底重建也同样引发关注：在未来几年里，这里将有7万个停车位从城市中消失，成为新的绿地和自行车道。在维也纳、柏林、纽约、温哥华、墨西哥城和布达佩斯，出现了空气清新的新休息区、新自行车道和步行道。在乡下，汽车仍然备受欢迎。而且，私家车在城市中也变得越来越重要。

因此，出行方式的转变是缓慢的，我们必须加快速度。现在，"使用代替拥有"的理论还不适用。数字告诉我们的完全是另一回事，关于汽车共享、拼车或骑行共享的未来愿景并未如预期的那样变为现实。这是因为安全性、自由和个性化等问题在大多数人的优先事项清单上排在前列。这怎么解释？

● 安全性：经常被低估的主题

汽车工业目前的趋势是运动型多用途汽车越来越多。仅2019年，根据德国联邦机动车运输管理局的数据，德国新上牌的运动型多用途汽车达到了762490辆，比上一年增加了21%。由于新冠肺炎疫情，2020年，新上牌车辆的总数大幅度减少。总的来说，运动型多用途汽车仍然是首选车型，而且这一趋势还在不断扩大。

为什么会这样呢？我认为，这主要是由于在拥挤的道路交通中可获得安全感。驾驶运动型多用途汽车的人相对更安全，而且通常也较少受到其他交通参与者的撞击。这样的车给人们提供了移动的保护区。这不仅关系到交通事故中的保护，而且关系到相对于人身攻击的保护。难怪女性特别喜欢开运动型多用途汽车。汽车就像私人住宅一样，是我们的第三层皮肤。需要注意的是，我们在这里讨论的是在汽车中的"栖居品质"，这种品质在当今更加开放的出行方案中往往无法实现。

为了确保运动型多用途汽车的安全，它不必造得特别大。事实上，运动型多用途汽车的尺寸最近有所缩小：根据杜伊斯堡大学汽车研究中心的一项研究，2020年上半

年，德国上牌的运动型多用途汽车在宽度、长度和重量上
与其他新车差别不大。具体来说，它们平均比普通车型只
是宽4厘米、长3厘米、质量多159千克，而往年运动型多用
途汽车的宽度比普通车型要宽10厘米、长30厘米、质量多
600千克。根据研究主管费迪南德·杜登霍费尔（Ferdinand
Dudenhofer）的说法，尽管2米宽、5米长的稳重型运动型多
用途汽车仍将在中国或美国销售，但越来越多的小型和精简
版运动型多用途汽车正在进入德国市场。

我认为，运动型多用途汽车领域的关键发展不仅是尺寸
的优化和变化，还包括驱动装置的优化。我们必须停止使用
燃油车了。我们需要绿色电力驱动的运动型多用途汽车，我
们需要合理的电池尺寸，我们需要合理处理最高时速和最佳
的空气动力学。

● 自由：汽车最重要的理由

下一个悖论与自由问题有关。当谈及对汽车的偏爱时，
自由是人们提到的主要原因之一。悖论之所以出现，是因为
每一次堵车，每一座满员的停车场，每一次在拖拉机后面令
人痛苦的步速行驶，都显示了这种自由的实际边界是多么

狭窄。

　　尽管如此，开车的人原则上总是可以自由决定什么时候开车去哪里以及如何开车。他可以抄近路，他可以连着去好几个地方，他可以运送东西。正是这种自由让我们不顾对气候问题的担忧，仍然坚持使用汽车。

● 个性化：我喜欢的品牌，我喜欢的驾驶风格，我喜欢的生活方式

　　你会选择新下线的奥迪Q8还是旧的大众巴士？即使在今天，汽车本身和驾驶方式也反映出你是谁，以及你想成为谁。汽车品牌和车辆类别的选择体现了人的社会属性，就像智能手机、房屋和度假目的地体现个人的身份地位一样。

　　这种效应可以被描述为"品质共鸣"。当我对我的汽车车型和驾驶风格感到满意时，就会产生积极的共鸣。这就是我的生活态度和价值观：如果我的车完美地表达了这些因素，那么我就会产生驾驶乐趣。这和汽车音响中响起一首恰到好处的歌曲具有类似的效果：我感到被理解，被认可，心情大好。英国伦敦大学学院人类学教授丹尼尔·米勒（Daniel Miller）写道："我认为我们在很多方面都是事物的

产物。"也就是说，汽车是人类制造的高度情感化的产品。而人类，在其个人生活方式上，也是汽车的产物。

所以，驾驶乐趣不仅关系到汽车的技术性能是否优秀，更重要的是关系到它是否能与驾驶员产生品质上的共鸣。因此，出行方案要想获得成功，就必须服务于这种对共鸣的需求。

在这种涉及驾驶心理的背景下，人们可以理解为什么尽管在大气保护方面存在着所有合理的、完全可以理解的事实，但一些方案依然会失败。

从驾驶员到用户：哪些出行方案对于汽车制造商而言是成功的？

我们先探讨一下在新冠肺炎疫情暴发之前已被证明不算特别成功的出行方案，而在新冠肺炎疫情期间，由于出行限制和卫生问题，这一方案变得更加保守，它就是汽车共享。

● 汽车共享：给炒作暂时画上句号

德国市场有三种不同类型的共享模式：基于站点的模式，即汽车租赁公司的品牌占据主导地位，例如安飞士（AVIS）、席克斯特（Sixt）和赫兹（Hertz），此外还有德国铁路子公司弗林斯特（Flinkster）和一些区域供应商。现在，在汽车制造商中，宝马凭借"按需"在这一领域领先，雷诺则凭借"移动性"领先。由于缺乏停车位，一些来自汽车制造领域的共享服务提供商采用"随借随还"（不固定车位）的模式。这方面的一个突出案例是由戴姆勒和宝马联合经营的企业Share Now。不过这方面也遇到了问题，从较小规模的车队和从某些地区撤店就可以看出。此外，雷诺推出Zity，丰田推出Kinto Share，但在德国都没有太大的反响。Getaway和Snappcar等多个玩家推出私人共享服务（个人对个人的共享），但在疫情的影响下，该领域并没有实现蓬勃发展。吉利Lynk & Co和梅赛德斯-奔驰（通过"Me Carsharing"）等制造商推出了汽车共享业务，但这些方案在市场上也没有怎么显山露水，和制造商的资产负债表也没什么关系。

这对德国的汽车制造商意味着什么？现在，Share Now已经占据了汽车共享市场的支配地位，大规模的增长机会已经越来越少。尽管如此，这一领域在未来仍有望成为出行方案的一部分，其前景是允许客户使用各种不同类型的车辆进行更远的距离旅行，但仅与一个平台交互，且只需支付一次费用。未来正朝着这个方向发展。但建立一个汽车制造商可以产生相关收入的市场，可能还需要一段时间。而现在已经繁荣起来的是另一个业态——汽车订阅。

● 订阅模式："巨大的增长势头"

汽车订阅用户的绝对数字虽小，但据贝尔吉施格拉德巴赫应用科技大学汽车管理中心的教授斯蒂芬·布拉策尔（Stefan Bratzel）估计，汽车订阅正在经历"巨大的增长势头"。除了汽车制造商，还有很多新的供应商在这方面活跃起来，例如汽车租赁商和一些初创企业。主要是顶级汽车制造商宝马（Access）、奥迪（Select）、沃尔沃（Care by Volvo）和保时捷（Drive-Subscription），它们在这里占据了一个新的业务领域。布拉策尔教授认为，现在存在两个目标人群：一种是"偏好高价格、频繁换车的汽车爱好者"，另一种是"只需要在几周/几个月的时间内使用一辆车的顾客"。

戴姆勒已经停止了他的汽车订阅服务，通用汽车也不再提供相应的服务。尽管如此，汽车制造商仍有机会在用户购买意愿较低的时候创造收入。汽车专家乌韦·温克尔哈克（Uwe Winkelhake）在其著作《汽车工业数字化转型》中进一步阐述了"品牌出行"这一理念：除去高尔夫球场和餐厅外，他设想的"一揽子计划"还包括使用适当级别的相应车辆的出行服务。这样一来，"出行成为品牌体验"，品牌的

"形象"成了最重要的购买标准。相比之下，他认为出行服务的吸引力不取决于特定品牌，而是购买标准中的灵活性和价格。欧洛普卡租车（Europcar）已经在产品组合中提供了此类服务——"Mobility Flat"。

这些订阅模式的成功秘诀是什么？我认为，它们提供了更多的安全性（尤其是在卫生方面）、自由（在灵活性方面）和个性化，而其他汽车共享模式则缺乏这些特性。与传统的汽车租赁合同不同，月费率较高的服务通常只在高端客户中有市场，但这也会带来利润。因为服务提供商负责提供其他一切服务，所以该模式使人联想到俱乐部度假：精选服务、独家访问、一价全包。

由于汽车制造商在驾驶服务中介、微出行（出租滑板车和自行车）和城市空中出行（空中出租车）等业务领域并不发挥重要的作用，因此我不想在此赘述这些业务的发展（毕竟变化很大），而是直接展望一下几年后可能需要集中关注的问题：多式联运和综合运输。

● 汽车共享不是汽车制造商的独角戏

事实上，最大的出行服务提供商有朝一日可能会成为驾驶领域的亚马逊。这个想法既吸引人又很简单：在一个平台上，可以规划、预订从A点到B点的所有交通工具并支付费用。不管是轮船还是滑板车、飞机还是汽车、区域列车还是电动自行车。这样一个平台给用户带来了巨大的好处：更高的规划安全性、更大的灵活性、更棒的旅行体验、可以私人定制的密集体验，以及更低的成本、更少的车辆维护工作量和更小的气候影响。

涵盖了85项综合运输服务的2020年出行服务报告（MSR）指出："总的来说，出行领域仍处于服务开发的早期阶段。"斯蒂芬·布拉策尔认为这项服务在发展中面临的挑战主要是缺少数据。因为只有具备有效的移动和出行信息，才能按照客户需要定制服务模式。谷歌掌握着此类数据，但分散于各个地区，没有大规模连接起来，汽车制造商也无法访问它们。毕竟，有些区域供应商已经在其应用程序中集成了外部服务。例如，莱茵-美茵交通联盟（RMV）目前通过其车票应用程序集成了9个出行服务提供商，可提供共享汽车、租用自行车、出租摩托车和出租车服务。自2021年5月以来，莱茵-美茵交通联盟在巴特索登-萨尔明斯特一直在测试其第一辆自动驾驶汽车试点项目车"EASY"（Electric Autonomous Shuttle for You，意思是为您服务的电动自动驾驶穿梭巴士）。它在一条圆形轨道上运行，速度为11千米/小时，但目前由于新冠肺炎疫情，没有载客。

据斯蒂芬·布拉策尔称，目前30家受调查的全球制造商中只有5家作为出行服务提供商发挥着重要作用：宝马、戴姆勒、本田、大众和现代（合作与投资也考虑在内）。目前尚不清楚这个市场将如何划分。很明显，想在这里站稳脚跟的人不能靠单打独斗取胜。与出行服务提供商的合作无法避免，在所有可行的车辆类型和路线段上，在实时出行数据和客户概要信息方面，以及在城市和市政当局（即公共交通）上，都需要数字服务提供商的参与。

所以，有必要超越汽车本身，把出行理解为一个平台业务。在围绕这一平台的竞赛中，玩家们可能会奋力拼搏，不仅用最具吸引力的汽车向用户提供从A点到B点的路线，而且还可以预订共享办公空间、会议室、餐厅和酒店，以及下一个充电站，并在数字存储器中为用户展示每一个目的地的正确签证和疫苗文件。最先发现最大规模、最具吸引力的服务生态系统的玩家将赢得比赛。花落谁家目前还不清楚，当然，比赛会变得白热化。"总而言之，"布拉策尔写道，"围绕着出行服务的新未来，汽车制造商、出行服务提供商和大型数字服务提供商之间的世界大战即将来临。"

对于客户，甚至对于气候保护来说，如果所有重要的玩家都不在这样的"世界大战"中浪费精力，而是开放其生态系统和数据价值，以进行更广泛的合作，那将是一个明智的选择。这就是我在前面说过的"开源"。汽车共享不是一出独角戏，对德国的汽车制造商来说更加不是。

而且，它们也没准备好。私人供应商和公共交通的出行服务尚未提供与自有汽车或订阅的汽车相同程度的安全性、自由和个性化。但是，更多的城市中心转向智能交通方案（有足够多的试点项目）可能只是时间问题，直到地方公共交通与人工智能、微出行和租车相结合，变得更智能、更快、更安全、更清洁，让我们大吃一惊吧。

新冠肺炎疫情加上日益频繁的气候灾害，把汽车工业变成了一座高压容器。包括一些关于未来出行的想法，都处于巨大的压力之下，不是每个人都能承受住这种压力。我们还不清楚10年、20年、30年后该如何开车。我们清楚的只有一件事：把车辆造得越来越大，而不是造得越来越好，不应该是汽车制造商的生存战略。我们还得想出其他的办法：将汽车理解为一个多功能体验空间，一种安全

的、气候友好型和个性化的出行方式，可提供超越驾驶的

服务。

结论：个性化和气候友好型出行

规模效应使制造较小和较大的车辆都有利可图，指导框架不再仅是车辆的长度、宽度和高度，而是越来越多地遵循使用场景。所以，汽车是什么不再只是取决于它的形状，还取决于它的用途。当汽车越来越提供差异化的升级和服务时，它将成为一台"服务机器"。这使得汽车依然能够成为身份和生活感受的重要标志。比开哪辆车更重要的问题是，我们如何定义自己的个性化出行，以及我们是否能够做到个性化和气候友好型出行。

从"拥有"到"使用"的巨大转变迄今为止尚未发生。关于汽车共享、拼车和自行车共享的未来愿景仍然是愿景，而且通常并不像预期的那样发展。我认为，这背后是一种特殊的"栖居品质"，一辆属于自己的汽车仍然比一辆共享的汽车或公共交通工具感受起来要棒得多。这背后还存在着潜在的品质理论：一辆属于我自己的汽车可以随时带我到任何目的地，而这正是我的驾驶风格。最后，它的背后还有我自己对热衷的汽车品牌的品质共鸣，它表达了我个人的生活感受。在这种背景下，我们也许可以理解为什么共享出行在现实中并不那么成功（相比于气候保护而言）。而这可能也解释了为什么共享出行（如汽车订阅）在考虑到这些品质的情况下表现出特别大的增长。

现在唱衰共享出行为时过早。尽管新冠肺炎疫情使自有汽车再次成为人们的首选交通工具，但在未来，趋势可能会转变。可以设想，一家供应商将自己定位为"交通运输界的亚马逊"，在一个平台上掌控整个业务，从出租踏板车^①到机器人出租车、汽车共享，再到铁路、船舶或航空旅行。至于这个市场将如何发展，我们目前尚不清楚。但有一点是可以肯定的，如果德国和欧洲其他国家的汽车制造商想在这个市场上竞争，他们必须开展大规模合作。他们必须相互合作，必须与出行服务提供商、数字服务提供商、创意初创企业和公共交通提供商合作。

未来汽车行业的焦点不再是发动机背后的传统工程师，

---

① 踏板车（Scooter）是一种介于摩托车与汽车之间的车辆，是一种大众化的交通工具。——编者注

而是数字空间中的用户。这种视角的转变不仅会颠覆德国的
汽车制造商，还会颠覆世界各地的每一个行业。现在的问题
是：我们该如何前行呢？

出发前往新世界

　　内燃机时代的终结，汽车制造商竞争环境中出现新的数字玩家，疫情封锁造成的供应链断裂，越来越严峻的气候变化形势和欧盟的相关要求，所有这一切引发了德国汽车制造商的恐慌浪潮。他们被逼到墙角，看到自己沦为一个无名的钣金折弯工。但亡羊补牢，犹未为晚。就在事态无法挽回之前，德国汽车制造商又重振雄风，带着新的车型、新的计划、新的合作项目回来了。他们得到了政府资金的支持——环保奖金、短时工作补助、疫情补贴、科研资金，而且自己也有能力以新的方式占据一席之地。

　　海德堡大学世界末日和后世界末日研究中心（CAPAS）主任罗伯特·福尔格（Robert Folger）说："世界末日不仅是简单的衰落，一场系统性崩溃，也是一个新生的时刻。无论如何，世界末日不意味着所有世界的末日。一个世界结束了，但一个新的世界也诞生了。"的确，有公司破产，有损失发生，也有错误的决策，但德国汽车工业并没有崩溃。没有共同沦为钣金折弯工。相反，德国钣金联盟成功地崛起了。汽车工业仍在继续发展，尽管情况有所不同。

大环境有所改变，增长和利润不再是唯一的目标。如今，企业的竞争力与碳中和相关。我们需要一种新的思维方式，但过去的经验仍有帮助。经验表明，我们有可能把最好的东西结合在一起：顾客需求和生产条件、安全要求和设计质量、技术的合理性和驾驶情感。

如果能达到完美的平衡，最终会诞生一种脱离中庸、妥协或平淡无奇的结果。个性油然而生。这是一段有力的自白——为什么气候友好型出行不可以实现呢？

对于我个人出行的未来，我希望可以自由地决定自己在路线的哪些部分乘车，在哪里与他人一起拼车，以及何时自己开车。我希望出行可持续、安全，并与社会相容。我认为，气候友好型出行并非不可行。

我们在四五年内就能知道哪些出行方案将流行起来，知道我们能借助哪些车辆、哪些应用程序和哪些服务赚钱。尽管我们要到两三年后才能知道哪些汽车制造商会在全球市场上站稳脚跟，哪些会消失没落；但我今天已经确信，我们可以建造一座通往这个未来的桥。我们会想出一个方法，既能够应对气候变化，又能实现个性化出行。

这里要强调"我们"，因为任何人单枪匹马都无法做到，并且还要强调"行动"。